BERLIN

Tantôt bombardée, tantôt occupée, tantôt divisée, la ville paraît toujours en chantier. Ses habitants semblent, quant à eux, toujours en quête de réalisations nouvelles. La capitale mêle ainsi courants alternatifs dynamiques, galeries d'art de renom, boutiques avant-gardistes et vie nocturne hors norme. Vivant pleinement le présent sans perdre l'après-demain des yeux, Berlin n'en renie pas pour autant son passé et met un point d'honneur à le faire découvrir aux curieux de passage.

Le Reichstag et les bords de la Spree

LES
INCONTOUR-
NABLES

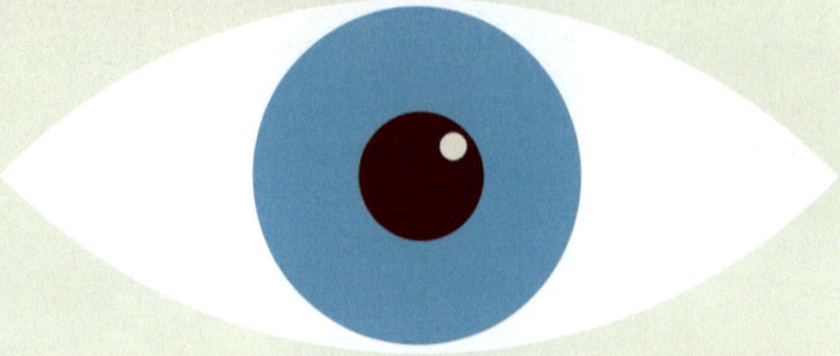

Reichstag

Sir Norman Foster a rénové le siège du Parlement fédéral d'Allemagne en l'habillant d'une sublime coupole de verre à la fin des années 1990. Une bonne raison de monter à son sommet pour admirer la ville et vous imprégner de son histoire. **Voir p. 21.**

Denkmal für die Ermordeten Juden Europas

Principal lieu de commémoration de la Shoah en Allemagne, ce site, conçu par Peter Eisenman comme un champ de stèles, a été ouvert au public en 2005. Une déambulation sensible et unique pour chacun, érigée en plein cœur de Berlin. **Voir p. 24.**

Alexanderplatz et Karl-Marx-Allee

Centre névralgique du Berlin des années 1920, l'Alexanderplatz a bien changé, mais tient toujours un rôle capital. Ancienne vitrine du socialisme, elle reste marquée par une architecture symbolique des années 1950-1960, de la tour de Télévision à la Karl-Marx-Allee. **Voir p. 62.**

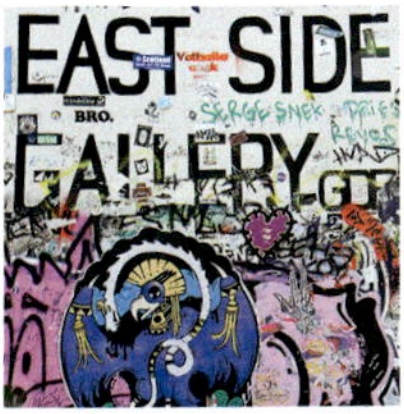

East Side Gallery

Vous vous souvenez du baiser de Honecker à Brejnev ? Et de la Trabant défonçant le Mur ? Ces images qui ont fait le tour du monde se trouvaient là, sur la longue fresque peinte à même le Mur quelques mois après sa chute. Elles ont été reliftées en 2009, mais valent encore le détour. **Voir p. 141.**

Pergamonmuseum

Le musée de Pergame doit son nom à l'autel de Zeus reconstitué, présenté aux côtés d'antiquités du Proche-Orient et d'autres merveilles de l'art islamique. L'île des Musées dont il fait partie renferme d'exceptionnelles collections couvrant 6 000 ans d'histoire de l'art. **Voir p. 42.**

Tiergarten

Autrefois, on y chassait le cerf et le sanglier. Aujourd'hui, cet immense parc situé au cœur de Berlin est un patchwork de clairières et de lacs, qui invitent à la détente : on vient y canoter l'été, patiner l'hiver… Mais ce n'est pas tout… Une surprise de taille vous attend à la lisière sud-ouest : le zoo ! **Voir p. 80 et 83.**

Checkpoint Charlie

Même si le soldat n'est aujourd'hui qu'un figurant, et la guérite une reconstitution, l'ancien poste-frontière entre Berlin-Ouest et Berlin-Est reste un lieu chargé d'histoire. Pour qui voyageait en train, le contrôle se faisait à l'autre bout de la rue, au Tränenpalast (« le palais des Larmes »). **Voir p. 30.**

▶ Kulturforum

Ex-vitrine de l'Ouest berlinois, ce complexe culturel regroupe musées, bibliothèque et salles de concert à deux pas de la Potsdamer Platz. Découvrez l'architecture organique d'Hans Scharoun (Philharmonie, Staatsbibliothek), et ne manquez pas de visiter la pinacothèque (Gemäldegalerie). **Voir p. 70.**

▼ Porte de Brandebourg

Monument emblématique de Berlin, érigé à la fin du XVIIIe s., la porte de Brandebourg fut le symbole de la division de la ville, puis de son unité retrouvée. Coiffée d'un quadrige représentant la déesse de la Victoire, elle constitue le dernier vestige des 18 portes originelles de la cité. **Voir p. 20.**

▼ Schloss Charlottenburg

L'ancienne résidence d'été des rois de Prusse et son parc recèlent de nombreux trésors. Que vous aimiez l'architecture baroque, la peinture ou les jardins à la française, prévoyez plusieurs heures et vous serez comblé. **Voir p. 88.**

EXPÉRIENCES UNIQUES

Déjeuner au cœur d'un potager urbain...

... et participer à la révolution bio en dégustant un plat concocté dans les Prinzessinnengärten. **Voir p. 173.**

Piquer une tête dans le Badeschiff...

... un ancien bateau converti en piscine de 1 400 m². C'est ultra-convivial et super bleu ! Entre Schlesisches Tor et Treptower Park. **Voir p. 124.**

Prendre de la hauteur

Magique : au départ du terminal D de l'aéroport de Schönefeld, on peut, par temps clair, survoler la ville en hélico !

Air Service Berlin • ☎ 030 5321 5321 • www.air-service-berlin.de • 15 min, 99 €; réduction avec la WelcomeCard.

S'initier à l'art contemporain dans un bunker...

... de la Seconde Guerre mondiale aménagé en galerie d'art (Sammlung Boros) par un couple de collectionneurs. **Voir p. 49.**

Explorer les souterrains...

... avec Berliner Unterwelten et ressortir avec de passionnantes anecdotes sur l'histoire mouvementée du XXe s. **Voir p. 188.**

Plonger dans l'univers street art...

... en suivant l'une des balades alternatives organisées, en français et en petit groupe, dans l'Est berlinois. Du Teepeeland au RAW-Gelände, le guide connaît les tags sur le bout des doigts. **Voir p. 136 et 137.**

Prendre le pouls de la nuit berlinoise...

... en s'offrant jusqu'à l'aube une soirée « années 1990 » et paillettes sur le dancefloor du SchwuZ, la meilleure scène queer de la capitale. C'est festif et hétéro-friendly ! **Voir p. 177.**

Partir en virée au volant d'une Trabant...

... la mythique voiture de la RDA, qui fut produite en série entre 1958 et 1991. Attention : le maniement du levier de vitesse nécessite un certain doigté ! **Voir p. 188.**

Applaudir à tout rompre...

... les 128 musiciens du Philharmonique de Berlin, l'un des orchestres les plus réputés au monde. Leurs concerts sont retransmis sur Internet (digitalconcerthall.com), mais s'il reste des billets, n'hésitez pas un instant : en live, c'est encore plus époustouflant. **Voir p. 76.**

NOS ADRESSES COUPS DE CŒUR

Difficile de faire son choix, tant il y a de restos et de cafés !

Zeit für Brot

Un boulanger qui fait des miracles, d'excellents sandwichs au pain complet bio et des *Zimtschnecken*, des viennoiseries en forme… d'escargot.

Voir p. 50, Autour de l'Auguststrasse.

PeterPaul

Des tapas à l'allemande qui fondent dans la bouche et des petits vins du Palatinat. Boulettes berlinoises à la moutarde ou mini-brochettes de poisson à la crème aigre : tout est succulent !

Voir p. 53, Autour de l'Auguststrasse.

Lavanderia Vecchia

Le meilleur italien à l'heure du déjeuner ? Une ancienne laverie dans une arrière-cour !

Voir p. 174, Neukölln.

Bars, karaokés, clubs, *biergärten* : il y en a pour tous les goûts.

ACUD macht neu Berlin

Holzmarkt

Eschenbräu

Goûtez à la bière artisanale la plus réputée de Berlin ! Pas de chichi ici, l'ambiance dans cette brasserie est typiquement allemande, mais on s'y sent comme à la maison.

Voir p. 178.

ACUD macht neu Berlin

Ce centre culturel alternatif au cœur de Mitte vous plongera dans le Berlin contestataire des années 1990. Le bar à l'entrée, intimiste et chaleureux, vous offre le luxe de ne pas devoir hurler pour parler à votre voisin.

Voir p. 53, Autour de l'Auguststrasse.

Holzmarkt

Les cabanes en bois recouvertes de street art de ce lieu culturel sont posées au bord de la Spree.

Manufactum

On y vient l'été pour siroter un verre en regardant le soleil se coucher sur la rivière, les pieds dans l'eau, et l'hiver pour profiter du marché de Noël bohème.

Voir p. 143, Friedrichshain.

Berlin n'est pas nécessairement la capitale du luxe, mais certainement celle du vintage !

Manufactum

Un concentré d'articles d'antan, mais tout neufs. On y déambule presque comme au musée.

Voir p. 101, Charlottenburg.

Flohmarkt am Boxhagener Platz

Un sympathique marché aux puces au cœur d'un square jalonné de cafés.

Voir p. 146, Friedrichshain.

Creme Fresh

Un joli choix de labels berlinois dans ce « fashion store ».

Voir p. 160, Prenzlauerberg.

UN GRAND WEEK-END SUR MESURE

Nous avons découpé la ville en 16 quartiers. Évidemment, en trois jours, vous ne pourrez pas faire toutes ces balades. Alors, suivez notre programme pour voir l'essentiel et prendre le pouls de la ville, et à vous de voir si vous voulez remplacer telle visite par une autre en fonction de vos centres d'intérêt.

J1

Matin

Débutez votre séjour par une immersion dans Mitte, le berceau historique de la ville, de l'île des Musées (quartier 3) à l'Alexanderplatz (quartier 5). Pour profiter d'une vue panoramique sur Berlin, montez en haut de la tour de Télévision (Fernsehturm).

Café am Neuen See

Midi

Dirigez-vous vers l'Auguststrasse (quartier 4) pour déjeuner et flâner quelques heures entre les boutiques et les galeries d'art situées dans les cours intérieures, caractéristiques du quartier.

Après-midi et soir

Vous pourrez ensuite partir vers le nord, direction Prenzlauer Berg (quartier 14), pour découvrir les anciennes fabriques Pfefferberg et Kulturbrauerei reconverties en complexes culturels et festifs, ou emprunter la Karl-Marx-Allee vers l'est pour une nuit de clubbing à Friedrichshain (quartier 13).

J2

Matin et midi

Commencez dès le matin par le quartier de la porte de Brandebourg, où vous pourrez monter dans la coupole du Reichstag et visiter le mémorial de l'Holocauste (quartier 1). Profitez ensuite de la verdure du

Tiergarten (quartier 7), et prenez place au *biergarten* Café am Neuen See (p. 81) pour le déjeuner.

Après-midi

Vous pouvez ensuite rejoindre le Zoologischer Garten ou le Kurfürstendamm pour une séance de shopping (quartier 9). Si vous préférez les musées et l'architecture contemporaine, rendez-vous dans le quartier du Kulturforum et de la Potsdamer Platz, symbole de la réunification de la ville (quartier 6).

Soir

Le soleil va bientôt se coucher ? Grimpez au Monkey Bar (p. 99) pour un cocktail avec vue.

J3

Matin et midi

Si c'est un dimanche, flânez au marché aux puces du Mauerpark (quartier 14), où vous pourrez aussi assister à des concerts improvisés et manger sur le pouce !

Après-midi

Découvrez le quartier alternatif de Kreuzberg (quartiers 11 et 12). Déambulez le long de l'agréable canal, sur les quais plantés de grands arbres et, si le temps le permet, faites une pause, pieds dans l'eau, verre à la main, au Freischwimmer (p. 128), une guinguette décontractée.

Jogging au Tiergarten

Soir

Vous n'avez pas encore vu le mur de Berlin ? Direction Friedrichshain (quartier 13) en longeant l'Oberbaumbrücke et rendez-vous à l'East Side Gallery avant de finir la soirée au YAAM (p. 145).

Nos conseils de visite

Réservez impérativement avant votre départ si vous voulez monter dans la coupole du Reichstag (gratuit) ou la Fernsehturm (payant) pour admirer la ville de haut.

Les marchés aux puces sont très nombreux, ouverts en hiver comme en été, mais exclusivement le dimanche.

SI VOUS PROLONGEZ VOTRE SÉJOUR

Vous connaissez déjà les incontournables de Berlin ? Quittez le centre pour explorer d'autres quartiers pleins de surprises.

La forêt de Grunewald et ses lacs, à Dahlem

Charlottenburg, autour du château (quartier 8)

La résidence d'été des rois de Prusse construite dans l'ancien faubourg de Charlottenburg vaut assurément le détour. Pour une journée à travers l'histoire de l'art et de l'architecture, découvrez le château baroque et les merveilles qu'il renferme, mais aussi les musées voisins : le Museum Berggruen, abritant de nombreuses toiles de Pablo Picasso et de Paul Klee, et le Bröhan-Museum, dédié à l'Art nouveau et à l'Art déco. N'oubliez pas, entre-temps, de profiter du vaste parc du château, entre bosquets et jardin à la française.

Dahlem (quartier 15)

Le quartier de Dahlem symbolise la campagne dans la ville, tout en regroupant un large campus universitaire et des musées de renom. Les collections du musée des Cultures européennes, notamment, sont conservées ici. Pour profiter de la nature, vous avez le choix entre le Jardin botanique *(Botanischer Garten)* et l'ancien corps de ferme du

Domäne Dahlem, fait pour les enfants. À l'entrée de la **forêt de Grunewald**, c'est le Brücke-Museum, dédié au célèbre mouvement expressionniste allemand, qui vous attend.

Neukölln (quartier 16)

Quartier en pleine évolution, c'est le plus en vogue du moment. Commencez par profiter de l'immense terrain de l'ancien aéroport **Tempelhof**, idéal pour un grand tour à vélo et un pique-nique, ou réservez une visite du bâtiment, symbole de l'histoire allemande. Prenez le temps de flâner sur la Schillerpromenade et dans les rues alentour, entre cafés turcs et boutiques arty. Autre passage obligé : le centre d'art contemporain qui s'est installé dans l'ancienne brasserie **KINDL**, grandiose !

KINDL, à Neukölln

Tempelhof, à Neukölln

VISITES PAR QUARTIER

La cathédrale (Berliner Dom)
durant le Festival des lumières

À SAVOIR

Visiter Berlin

Nous avons découpé Berlin en 16 quartiers. Chacun d'eux peut se visiter à pied. Comme la capitale allemande est très vaste (8,5 fois la superficie de Paris !), ils sont assez éloignés les uns des autres. Pour ménager ses mollets, on n'a que l'embarras du choix : le métro (U), le train urbain (S) ou le tram (M). Notez que le réseau est moins dense dans les quartiers est. Le train circulaire (S41 ou S42), qui fait tout le tour de Berlin, peut s'avérer très utile. Si le temps le permet, la plus belle façon de découvrir Berlin est certainement à vélo.

Infos Covid-19 ⚠

Compte tenu du contexte sanitaire, de nombreux sites et adresses sont amenés à restreindre leurs horaires d'ouverture et à s'adapter à la situation. Nous vous recommandons de vérifier les horaires et conditions de visite de chaque lieu et adresse sur leur site Internet ou leur page Facebook.

Lire les cartes

- Chaque visite est accompagnée d'un plan détaillé sur lequel nous avons placé tous les **points d'intérêt** du quartier.
- Les **pastilles de couleur** indiquent nos bonnes adresses de restos, de bars et de boutiques.
- Le numéro de la pastille colorée correspond à celui attribué à chacune des adresses. Reportez-vous au chapitre concerné pour lire la notice de l'établissement.

Se déplacer

À pied, on explore aisément les quartiers 2-6, 8-10 et 14 (attention à ne pas empiéter sur les pistes cyclables !).

À vélo, on va partout : mis à part deux ou trois collines, la ville est entièrement plate !

Mur de Berlin au Mauerpark

En tram, les M1, M2, M10, etc. sillonnent les quartiers est de la ville (13 et 14).

En train urbain : très pratique, il fait la navette entre Hauptbahnhof (1), Hackescher Markt (4), Alexanderplatz (5) et Warschauer Strasse (13).

En bateau, on peut voguer tous les jours d'avril à octobre sur la Spree et le Landwehrkanal (p. 189)

M **En métro,** on se rend plus rapidement d'un quartier à l'autre : le U2, relie Alexanderplatz (5) à Charlottenburg (8) en passant par les quartiers 9 et 10; depuis Nollendorfplatz, le U3 vous dépose à Dahlem (15).

Réservations et coupe-files

⚠ **Réservez :** deux visites se réservent longtemps à l'avance, la coupole du Reichstag (au moins une semaine, p. 21) et la collection d'art contemporain Sammlung Boros (au moins deux mois à l'avance, p. 49). Pensez aussi à réserver si vous voulez participer à des tours guidés, visiter les coulisses de l'ancien aéroport Tempelhof ou les archives de la Stasi.

➜ **Conseil :** pour visiter le Pergamonmuseum et le Neues Museum, ou monter en haut de la Fernsehturm, achetez un coupe-file sur Internet; il vous évitera de longues files d'attente.

AUTOUR DE LA PORTE DE BRANDEBOURG

1

Commencez votre balade berlinoise par la célèbre porte de Brandebourg, qui fut longtemps le symbole d'une ville divisée. Aujourd'hui, ce portique néoclassique voisine avec des édifices audacieux, comme ceux du quartier gouvernemental, conçu pour accueillir les institutions de l'Allemagne réunifiée, ou celui de la gare centrale (Hauptbahnhof), de l'autre côté de la Spree. Pourtant, même dans cet environnement ultramoderne, le souvenir des guerres et des dictatures n'est jamais bien loin...

Porte de Brandebourg

1 Porte de Brandebourg+++

Brandenburger Tor

À présent tournée vers la ville en signe de paix, la porte de Brandebourg servit d'arc de triomphe, sous lequel défilèrent Napoléon en 1806 ou les nazis au soir de la nomination d'Hitler à la chancellerie en 1933, avant d'être fermée par le Mur et de devenir le symbole de la partition de la ville. Édifiée à la fin du XVIIIe s. par Carl Langhans sur le modèle des Propylées de l'Acropole d'Athènes, elle est coiffée d'un quadrige.

2 Pariser Platz+

L'ancien « Quarré » dessiné en 1734 fut rebaptisé « **place de Paris** » en 1819, pour célébrer le traité de Paris qui envoya Napoléon à l'île d'Elbe en 1814. Démolie après la guerre, la place devint un terrain vague traversé par le Mur, avant d'être rebâtie en fonction de critères très stricts. Si l'hôtel Adlon et les pavillons situés de part et d'autre de la porte de Brandebourg ont été reconstruits à l'identique, la place est bordée d'édifices modernes telles **l'Académie des arts** aux n°s 4 et 10, au n° 5 **l'ambassade de France** (Christian de Portzamparc, 2002) ou au n° 3 la **DZ Bank** (Frank Gehry, 2000).

Académie des arts (Akademie der Künste) : ***www.adk.de*** **•** ***☏200 57 10 00 ou ☏200 57 20 00.***

3 Platz der Republik⁺⁺

Vaste esplanade paysagère, la **place de la République** s'ouvre devant le Reichstag, au pied duquel un mémorial, réalisé par Dieter Appelt en 1992, rend hommage aux 96 députés assassinés sous le nazisme. À l'extrémité de l'esplanade s'élève la **Chancellerie fédérale,** un bâtiment monumental en béton blanc et pierre de taille, dessiné par Axel Schultes et Charlotte Frank.

4 Reichstag⁺⁺⁺

Construit pour accueillir le **Parlement de l'empire,** fondé en 1871, le Reichstag est le symbole des vicissitudes de Berlin. Partiellement détruit, puis boudé et enfin rénové, ce bâtiment institutionnel se doit d'être visité pour l'histoire qu'il incarne et la vue qui s'offre depuis sa coupole.

Édifice néobaroque

Dessiné par Paul Wallot et construit entre 1884 et 1894

Reichstag

grâce aux indemnités de guerre versées par la France après la défaite de 1870, le Reichstag est caractéristique du style néobaroque monumental très apprécié sous Guillaume II. Son fronton arbore depuis 1916 la devise *Dem Deutschen Volke*, « Au peuple allemand ».

Du Reichstag au Bundestag

Siège du Parlement impérial, c'est de son 1er étage que Philipp Scheidemann proclama la république le 9 novembre 1918. Incendié par les nazis en 1933, puis bombardé, il lui faut attendre

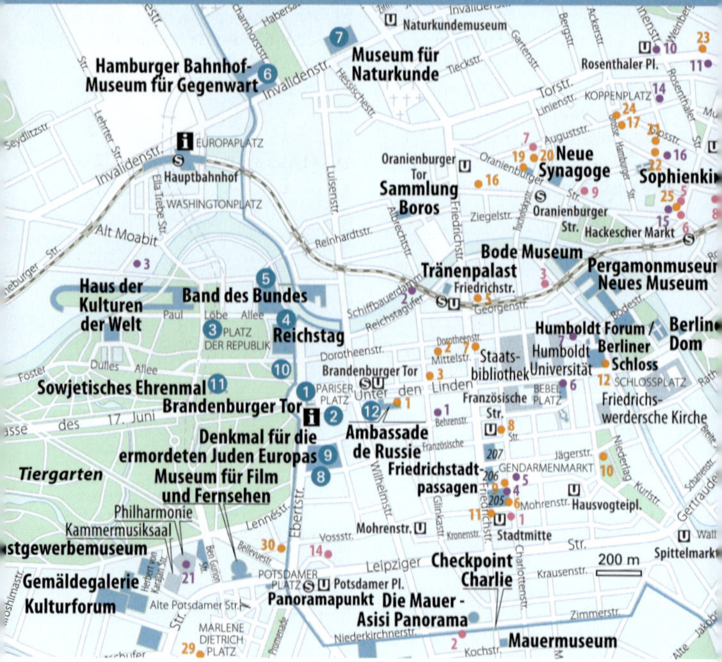

la réunification pour retrouver son rang institutionnel. Depuis 1999, il abrite le Deutscher Bundestag (Parlement fédéral), Berlin étant redevenu capitale de la République fédérale d'Allemagne en 1990.

Audace et modernité

Reconstruit entre 1957 et 1972, emballé par Christo en 1995, le bâtiment n'avait toujours pas recouvré son dôme, perdu pendant la Seconde Guerre mondiale. L'architecte britannique Norman Foster le transforma entre 1995 et 1999 en le dotant d'une coupole vitrée qui illumine l'horizon berlinois. La salle plénière est éclairée par les 360 miroirs du cône inversé, placé au centre de la coupole.

Platz der Republik 1 • 22 73 21 52 • www.bundestag.de • Coupole t.l.j. 8h-minuit (dernière entrée à 21h45) • Résa en ligne uniquement slt, 1 sem. à l'avance au moins • Gratuit • Pièce d'identité obligatoire.

5 Band des Bundes✦

Symbole du rang de capitale retrouvé, le « **Ruban fédéral** » s'étire au bord de la Spree en une succession d'édifices, de cours et de jardins. Outre la Chancellerie, il se compose de deux imposants bâtiments dessinés par Stephan Braunfels, qui unissent symboliquement l'Est et l'Ouest. Longue de 200 m, la **Paul-Löbe-Haus** abrite les quelque 900 bureaux des députés. Une passerelle suspendue la relie à la **Marie-Elisabeth-Lüders-Haus**, de l'autre côté de la Spree, où se trouve la Bibliothèque parlementaire.

6 Hamburger Bahnhof – Museum für Gegenwart+++

Musée d'Art contemporain

Achevée en 1847, la gare de Hambourg reliait Berlin au port de Hambourg avant d'être désaffectée en 1884, puis convertie en musée des transports jusqu'à la Seconde Guerre mondiale. Propriété de la Reichsbahn est-allemande, elle resta vide avant d'accueillir le premier musée d'Art contemporain de Berlin, connu pour les installations artistiques créées pour son hall gigantesque.

Architecture

L'édifice néoclassique dessiné par Friedrich Neuhaus a été rénové et transformé par l'architecte Josef Paul Kleihues en 1996. Le bâtiment central, coiffé d'une charpente métallique correspondant à l'ancien hall de gare, est parcouru par une galerie à arcades, flanquée de tours d'angle en avancée. Sa façade est éclairée par une installation de néons de l'artiste américain Dan Flavin.

Les collections

Dans le bâtiment principal et dans les salles latérales (Rieckhallen) sont exposées par roulement, sous

Hamburger Bahnhof

le titre *Die Sammlungen. The Collections*, de nombreuses œuvres des années 1960 à nos jours. Vous y retrouverez les signatures de Joseph Beuys, Georg Baselitz, Urs Fischer, Bruce Nauman, etc.

Invalidenstrasse 50-51 • ☎266 42 42 42 ou ☎39 78 34 11 • www.smb.museum • Mar.-ven. 10h-18h, sam.-dim. 11h-18h • Entrée : 14 €.

7 Museum für Naturkunde⁺⁺

Musée d'Histoire naturelle

Derrière la très sérieuse façade de ce palais de 1889 se cache un passionnant musée d'histoire naturelle, habilement mis en scène et richement doté : 3 millions de fossiles, 15 millions d'insectes… et une incroyable collection d'animaux conservés dans le formol. Le clou du musée ? Tristan, un squelette de dinosaure de 12 m de long, qui devait peser dans les 7 t il y a 66 millions d'années.

Invalidenstrasse 43 • ☎88 91 40 85 91 • www.museumfuernaturkunde.berlin • Mar.-ven. 9h30-18h, sam.-dim. 10h-18h • Entrée : 8 €.

8 Denkmal für die ermordeten Juden Europas⁺⁺⁺

Mémorial aux juifs assassinés d'Europe – mémorial de l'Holocauste

En 1999, le Parlement allemand prenait la décision de construire, selon les plans de l'architecte Peter Eisenman, un monument à la mémoire des juifs exterminés entre 1933 et 1945 par les nazis en Allemagne et dans le reste de l'Europe. En surface, un champ composé de 2711 stèles de béton, creuses, inclinées, de base égale, mais de hauteurs différentes constitue un lieu d'errance pour le visiteur. Situé en sous-sol, le centre d'information présente le génocide d'un point de vue historique, géographique et personnel.

Cora-Berliner-Strasse 1 • ☎26 39 430 • www.stiftung-denkmal.de • Centre

Pause sur le pouce : Café LebensArt

Voici une grande terrasse agréable tout près de la porte de Brandebourg. Autour d'une boisson, d'une glace (boule de glace : 2,50 €) ou d'un repas léger, vous pourrez vous détendre et méditer sur l'architecture fonctionnaliste des bâtiments alentour.

1 Plan G8 • *Unter den Linden 69A • ☎44 72 19 30 • www.cafe-lebensart.de • Lun.-jeu. 9h-20h, ven.-dim. 9h-22h ; hiver lun.-ven. 9h30-19h, sam. 10h-18h, f. dim. • Soupe maison : 5 €.*

d'information : mar.-dim. 10h-20h (18h oct.-mars, 16h le 31 déc.) • Champ de stèles : t.l.j. 24h/24 • Accès libre.

9 Denkmal für die im Nationalsozialismus verfolgten Homosexuellen✦✦

Mémorial aux homosexuels persécutés sous le nazisme

En 2008, trois ans après le mémorial de l'Holocauste, un monument dédié aux homosexuels persécutés fut inauguré au milieu des arbres du Tiergarten, face au champ de stèles. Les artistes Elmgreen & Dragset, vivant à Berlin, ont réutilisé la forme d'une stèle de béton gris inclinée mais décidé d'y intégrer une fenêtre, invitant le visiteur à s'approcher.

Tiergarten/Ebertstrasse • T.l.j. 24h/24 • Accès libre.

10 Denkmal für die im Nationalsozialismus ermordeten Sinti und Roma Europas✦✦

Mémorial aux Sintis et aux Roms assassinés sous le nazisme

Non loin des deux autres mémoriaux dédiés aux victimes du nazisme, au flanc sud du Reichstag, se trouve celui érigé à la mémoire des 500 000 Sintis et Roms d'Europe assassinés. Après 20 ans de réflexion et de travail, le projet de l'artiste Dani Karavan voit le jour en 2012. Une entrée étroite vers un large bassin, une fleur fraîche chaque jour et, parfois, des notes de violon...

Simsonweg/Scheidemannstrasse • T.l.j. 24h/24 • Accès libre.

11 Sowjetisches Ehrenmal✦

Mémorial en l'honneur des soldats soviétiques

Plusieurs monuments ont été érigés en l'honneur des soldats de l'Armée rouge morts pour la libération de Berlin (p. 124). Celui-ci est peut-être le plus impressionnant de tous, avec sa colonnade flanquée de deux chars russes (les premiers à être entrés dans la ville) et sa statue de 8 m, perchée sur un piédestal tout aussi colossal. Derrière gisent les tombes de 2 500 soldats. Jusqu'en 1990, ce mémorial était une enclave soviétique en secteur britannique.

Strasse des 17. Juni • Accès libre.

12 Ambassade de Russie✦

Édifiée sur Unter den Linden de 1948 à 1953, l'ambassade de Russie est un palais de marbre blanc aux proportions... vraiment monumentales ! Il fait partie de ces édifices qui témoignent du rôle majeur joué par l'Union soviétique pendant près d'un demi-siècle.

Unter den Linden 63-65.

Restos | Bars | Hôtels | Shopping | Activités

Restos Bistrots

Ishin

Japonais 2 Plan G7

Ishin est une grande cantine proposant sushis et autres plaisirs japonais à un très bon rapport qualité/prix. Le flux de clients est important, mais le service rapide et efficace. Un thé vert ou un café vous sera offert à votre arrivée, eau chaude à volonté.

Mittelstrasse 24 • U & S Brandenburger Tor et Friedrichstrasse • 20 67 48 29 • www.ishin.de • Lun.-sam. 12h-19h30 • Menu 6 sushis : 6,50 € (avant 16h) et 8,50 € (après 16h) et toute la journée mer. et sam.

Komische Oper

Café Einstein

Café 3 Plan G7

Le Café Einstein a une atmosphère viennoise feutrée et élégante très agréable pour se détendre. Vous aurez le choix entre plusieurs cafés et d'excellentes pâtisseries (9 € l'*Apfelstrudel*), et vous pourrez bien sûr lire le journal. Le personnel est attentif, et vous pourrez profiter de la terrasse sur la plus belle avenue de Berlin.

Unter den Linden 42 • U & S Brandenburger Tor et Friedrichstrasse • 204 36 32 • www.einsteinudl.grillroyal.com • T.l.j. 9h-20h.

Bars, clubs Sorties

Komische Oper

Opéra 1 Plan G8

Malgré un extérieur peu enthousiasmant, l'Opéra-comique a conservé sa très belle salle fin XIXe s., épargnée par les bombardements. Une programmation riche (Puccini, Offenbach…) et d'excellentes mises en scène, souvent minimalistes.

Behrenstrasse 55-57 • U Französische Strasse • 47 99 74 00 • www.komische-oper-berlin.de • Billet (12-98 €) : billetterie Unter den Linden 41 (G7) • Lun.-sam. 11h-19h, dim. 13h-16h.

Tausend

Club 2 Plan G7

Pas d'enseigne, mais une simple porte en fer sous la voie ferrée. Le lieu se veut ultra-sélect, version speakeasy new-yorkais, la clientèle branchée à souhait, et le physionomiste à l'entrée plutôt exigeant.

Schiffbauerdamm 11 • U & S Friedrichstrasse • ☎ 27 58 20 70 • www.tausendberlin.com • Mar. 19h-minuit, mer. 19h-1h, jeu. 18h-1h, ven.-sam. 18h-2h, dim. 20h-22h (f. de mi-juil. à mi-août) • Entrée libre sf concerts live le mer. (18 € maximum) • Cocktail : à partir de 12 € • Dress code : extravagant.

Zollpackhof

Biergarten 3 Plan D2

Envie d'une bière rafraîchissante dans un *biergarten* traditionnel à l'ombre de marronniers gigantesques ? Rendez-vous à Zollpackhof, une taverne (qui fait aussi restaurant) qui ne sert que de la bière bavaroise (Augustiner et Erdinger), avec une vue imprenable sur le Reichstag et les bâtiments de la Chancellerie, juste à côté de la station Hauptbahnhof.

Elisabeth-Abegg-Strasse 1 • S Hauptbahnhof • ☎ 030 33 09 97 20 • www.zollpackhof.de • Avr.-sept. t.l.j. 11h-23h selon météo • Pinte : 5 €.

Hôtels B&B

Meininger

Pratique Plan D2

Un hôtel fonctionnel de 296 chambres, près de la gare centrale – pratique pour rayonner ! – avec vue sur le Ruban fédéral. Wifi gratuit dans le lobby.

Ella-Trebe-Strasse 9 • U & S Hauptbahnhof • ☎ 98 32 10 73 • www.meininger-hotels.com • À partir de 60 € • Petit déjeuner : 7-8 €.

Arte Luise Kunsthotel

Artistique Plan D2

Proches d'Unter den Linden et de la Friedrichstrasse, 53 chambres toutes décorées et aménagées par un artiste. Amusantes, insolites ou intrigantes, elles sont toujours uniques.

Luisenstrasse 19 • U & S Friedrichstrasse • ☎ 28 44 80 • www.luise-berlin.com • 40-250 € • Petit déjeuner : 12,50-17,50 €.

Activités Détente

Vabali

Spa de rêve Plan C2

Vous avez juste envie de ne rien faire ? Venez vous prélasser dans l'un des 13 saunas et bains de vapeur !

Seydlitzstrasse 6 • S Hauptbahnhof • www.vabali.de • T.l.j. 9h-minuit • 33,50 € les 4h.

LE LONG DE LA FRIEDRICHSTRASSE

2

La prestigieuse avenue Unter den Linden, qui relie la porte de Brandebourg à l'île aux Musées, est toujours en travaux. Dommage ! Mais il y a une solution de repli : la moins mondaine Friedrichstrasse, qui égrène ses commerces et ses immeubles de bureaux entre Oranienburger Tor et Mehringplatz. Elle est synonyme de shopping – surtout depuis l'ouverture des Galeries Lafayette –, mais pas seulement : elle conserve deux lieux de mémoire intéressants, deux anciens points de transit entre Berlin-Est et Berlin-Ouest, Tränenpalast et Checkpoint Charlie, tous deux reconstruits à l'identique.

Gendarmenmarkt

1 Tränenpalast✦✦

Vous voyez le grand hall vitré qui jouxte le flanc nord de la station Friedrichstrasse ? C'est le poste de douane de la RDA par lequel devaient transiter, de 1962 à 1990, tous ceux qui étaient autorisés à sortir de Berlin-Est par le train. On l'appelle « **palais des larmes** » *(Tränenpalast)* : un lieu chargé de peurs et d'émotions, où les voyageurs étaient contrôlés sans ménagement. L'exposition, à l'intérieur, rend compte de ces expériences frontalières.

Reichstagufer 17 (flanc nord de la station Friedrichstrasse) • ☎46 77 77 911 • www.hdg.de • Mar.-ven. 9h-19h, sam.-dim. et j.f. 10h-18h • Accès libre.

2 Friedrichstadt-Passagen✦

Ces arcades commerciales séduiront autant les aficionados du shopping que les amateurs d'architecture. Trois « quartiers », qui représentent chacun un pâté de maisons et communiquent entre eux (par le sous-sol), ont été conçus par de grands architectes afin de diversifier le paysage urbain.

Doté d'un atrium « rehaussé » d'une compression monumentale de John Chamberlain, le **Quartier 205** est l'œuvre d'Oswald Ungers, qui y a décliné le carré. Imaginé par Ieoh Ming Pei, le **Quartier 206** est plus luxueux et d'inspiration Art déco. Quant au **Quartier 207**, il abrite le magnifique magasin dessiné par Jean Nouvel pour les Galeries Lafayette.

Friedrichstrasse 66-75 • Lun.-ven. 10h-20h et sam. 10h-19h.

Friedrichstadt-Passagen

3 Gendarmenmarkt✦✦

Cette vaste esplanade, un ancien marché devenu place d'armes et baptisé « Gensd'Armes-Markt » en 1736, est assurément l'ensemble néoclassique le plus harmonieux de la ville. Les églises apparemment jumelles furent édifiées sous Frédéric Ier, l'une pour les protestants français (**Französischer Dom,** en cours de restauration), l'autre pour les protestants allemands **(Deutscher Dom).** Au centre s'élève l'imposant **Konzerthaus** (p. 34) construit par Schinkel en 1821.

La place devient le décor d'un grand **marché de Noël** (www.gendarmenmarktberlin.de) entre fin novembre et fin décembre.

Pause design : Westberlin

Dans ce café, les visiteurs côtoient étudiants et travailleurs penchés sur leurs ordinateurs portables, tandis que les tables dépareillées s'encanaillent avec des chaises emblématiques du design telle la DSW. Dans l'assiette, des classiques de la petite restauration variés et sains (salade-quiche : 4,50-6,50 €). Au fond, autour de la vaste table d'hôtes blanche, une sélection pointue de magazines de mode et de design à consulter sur place ou à acheter.

4 **Plan D3** • *Friedrichstrasse 215* • *☎25 92 27 45* • *www.westberlin-bar-shop.de* • *Lun.-sam. 11h-16h.*

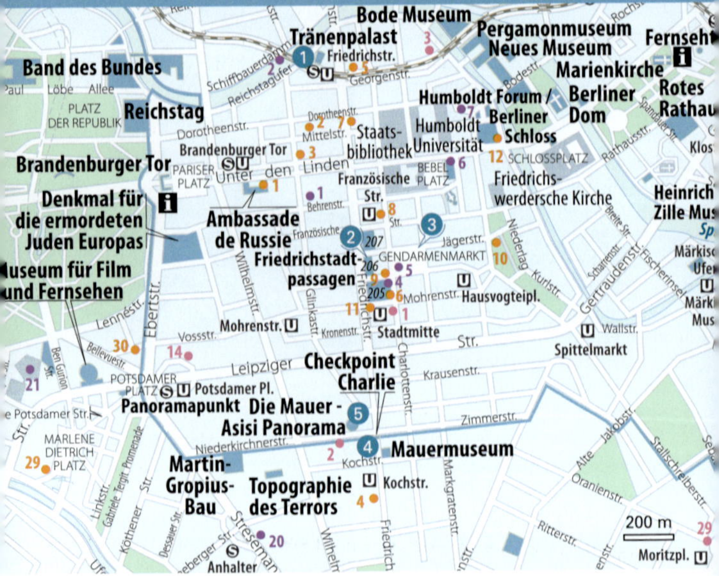

④ Checkpoint Charlie et Mauermuseum✦✦✦

Point de passage entre les secteurs américain et soviétique pendant la guerre froide, **Checkpoint Charlie** était le poste-frontière le plus connu de Berlin et constitue l'un des symboles les plus émouvants du Mur. Aujourd'hui, cette guérite est le décor de selfies réunissant touristes et gardes factices en uniformes, sur fond de McDonald's et de boutiques de souvenirs. Plus intéressant, la **Haus am Checkpoint Charlie – Mauermuseum** (musée du Mur) retrace la vie de Berlin à l'époque du Mur. En dévoilant notamment de nombreux témoignages de citoyens de l'ex-RDA ayant risqué leur vie pour franchir la frontière par tous les moyens, l'exposition illustre l'ingéniosité sans faille qu'ils développèrent pour retrouver leur liberté.

Friedrichstrasse 43-45 • ☎25 37 250 • www.mauermuseum.de • T.l.j. 9h-22h • Entrée : 14,50 €; audioguide : 5 € • Résa possible sur le site Internet.

⑤ Die Mauer – Asisi Panorama✦✦

Yadegar Asisi, un artiste viennois établi à Berlin depuis 1979, peint des panoramas sur toile : de grands trompe-l'œil hyperréalistes de 60 m de long, qui ont le don de recréer une atmosphère, un lieu ou un événement particulier. Celui-ci vous (re)plonge du côté de la Sebastianstrasse, un jour ordinaire de novembre dans le Berlin des années 1980. Montez sur la plate-forme et longez des yeux le Mur : frissons garantis !

Friedrichstrasse 205 • ☎ 69 58 08 601 • www.die-mauer.de • T.l.j. 10h-18h • Entrée : 10 €.

Restos Bistrots

Nolle

Allemand

5 Plan G7

Située sous les arcades de la gare de Friedrichstrasse, cette brasserie années 1920 a vraiment du charme (plafond d'origine). Prix raisonnables pour une cuisine internationale de qualité qui propose aussi, bien sûr, des spécialités berlinoises et allemandes.

Georgenstrasse, S-Bahnbögen 203 • Ⓤ & Ⓢ Friedrichstrasse • ☎ 208 26 45 • www.restaurant-nolle.de • Lun.-jeu. 11h30-minuit, ven.-sam. 11h30-1h • Plat allemand : 16 €.

Nanoosh

Méditerranéen

6 Plan G7

Ici, on joue la carte du healthy avec des compositions vegan et ensoleillées : les copieuses assiettes de Nanoosh à base de

Détail du panorama Die Mauer

hoummous ont le don de vous catapulter sur les rivages du Liban. Autre point fort de cette cantine toute simple et décontractée : les salades quinoa-noisettes, les soupes revigorantes et la limonade maison, le tout servi avec le sourire à des prix raisonnables.

Mohrenstrasse 50 • U Stadtmitte • 20 14 38 70 • www.nanoosh.de • Lun.-sam. 12h-20h • Soupes : 3,50-5 €; assiette Hummus : 5,50-10 €.

Ursprung

Cafétéria 7 Plan G7

Dussmann est une grosse librairie généraliste qui a eu la bonne idée d'aménager au sous-sol une cafétéria autour d'un haut mur végétalisé sur feutre, signé Patrick Blanc. On y sert en tablier vert anis plusieurs spécialités régionales, comme les saucisses du Brandebourg ou, plus original, les *Königsberger Klopse*, des boulettes de viande épicées au concombre (13 €).

Friedrichstrasse 90 • U & S Friedrichstrasse • 20 25 10 17 • www.ursprung-berlin.com • Mar.-sam. 11h-18h • Plat : 6-17 €.

Borchardt

Brasserie 8 Plan G8

Avec ses colonnes de marbre et ses mosaïques, cette brasserie à l'ambiance fin de siècle est l'une des plus courues de la capitale. Le chef propose une cuisine internationale aux influences françaises. Comme le Tout-Berlin politique, médiatique et culturel s'y retrouve, il est préférable de réserver, surtout le soir. Parmi les classiques, le *Schnitzel* (26,50 €) reste une valeur sûre. Au sous-sol, une salle très tamisée pour un tête-à-tête aux chandelles.

Französische Strasse 47 • U Französische Strasse • 81 88 62 62 • www.borchardt-restaurant.de • T.l.j. 11h30-minuit • Menu déjeuner en sem. : 14 €.

Lutter & Wegner

Brasserie 9 Plan G8

Cette vénérable maison vieille de plus de 200 ans possède plusieurs restaurants dans Berlin. Celui-ci est doté d'une agréable terrasse où l'on sert escalopes viennoises (24,50 €), plats de brasserie et vins allemands – c'est leur point fort – à des prix qui tirent vers le haut.

Charlottenstrasse 56 • U Französische Strasse • 20 29 54 15 • www.l-w-berlin.de • T.l.j. 12h-22h • Filet de saumon Narvik : 29,50 €.

Chipps

Végétarien 10 Plan H8

Cette petite sœur diurne (et plus abordable) du plébiscité restaurant végétarien Cookies Cream (www.cookiescream.com) se plie aux mêmes exigences de proximité, saisonnalité et qualité qui ont fait le succès de son aînée. À la carte, une quinzaine de petits déjeuners (très) améliorés, des salades gourmandes et healthy (10,50-12,50 €), et des plats aux alentours de 18 € en soirée. Polenta aux champignons, pois

verts et parmesan et ricotta ou encore *okonomiyaki*, beignets de chou nori et sauce au sésame, en cuisine, on bouscule les classiques. Légumes et produits végétaliens sont à l'honneur.

Jägerstrasse 35 • U Hausvogteiplatz • ☎36 44 45 88 • Facebook : Chipps Berlin • Lun.-ven. 8h30-16h, sam.-dim. 8h30-17h • Plat : 10-15 €; petit déjeuner : 5,50-12 €.

Seaside

Poissons et fruits de mer 11 Plan G8

Envie d'une truite braisée relevée d'une touche de citron et de romarin ? Dans ce resto de poissons et fruits de mer, qui affiche à midi des prix honnêtes et à toute heure un style décontracté, la pêche du jour est exposée sur le comptoir et pesée devant vous (7-25 € les 100 g). Il ne reste plus qu'à choisir la garniture (4 € la savoureuse poêlée de pommes de terre sautées au romarin) !

Mohrenstrasse 17 • U Stadtmitte • ☎20 91 73 54 • www.seaside-fish.com • Lun.-ven. 12h-15h et 18h-22h, sam.-dim. 13h-22h • Plat du jour (lun.-ven. 12h-15h) : 12-13 €.

Bars, clubs Sorties

Newton Bar

Bar 4 Plan G8

Voici un lieu qui devrait ravir tous les admirateurs du photographe Helmut Newton et les amateurs de photos de nu. Dans ce bar, les murs sont recouverts par les œuvres de l'artiste, originaire de Berlin. Ambiance club de gentlemen à l'ancienne avec parquet, fauteuils en cuir, bois sombre et cigares. Grand choix de cocktails. Prix élevés.

Charlottenstrasse 57 • U Stadtmitte • ☎20 29 54 21 • www.newton-bar.de • T.l.j. 12h-minuit • Bière : 5 €; cocktail : 12-19 €.

Konzerthaus

Orchestre 5 Plan G8

Reconstruit puis rouvert en 1984, le majestueux théâtre néoclassique édifié par Schinkel au début du XIXe s. domine le Gendarmenmarkt, siège du Konzerthaus Orchester, l'orchestre symphonique de Berlin. Ses quatre salles accueillent quelque 550 concerts par an.

Gendarmenmarkt • U Stadtmitte • 20 30 92 101 • www.konzerthaus.de • Billet (21-56 €) : lun.-sam. 12h-19h, dim. 12h-16h et 1h avant le concert.

Shopping Cadeaux

Rausch

Chocolatier 1 Plan G8

Avertissement pour les gourmands : il s'agit tout simplement du plus grand magasin de chocolat du pays ! Les vitrines sont ornées d'œuvres en chocolat représentant le Reichstag, la porte de Brandebourg ou d'autres sites touristiques berlinois. À l'intérieur, en plus des truffes (12,50-13,50 € la boîte de 12), vous trouverez des biscuits, des fruits confits et des pâtes de fruits ou d'amandes tout aussi délicieux. Pour déguster sur place, rendez-vous au café du 2e étage.

Charlottenstrasse 60 • U Stadtmitte • 75 78 80 • www.rausch.de • Lun.-sam. 11h-19h, dim. et j.f. 13h-19h.

Frau Tonis Parfum

Parfumerie 2 Plan D3

Inspirée par sa grand-mère, une jeune parfumeuse a décidé de mettre Berlin en bouteilles. Dans la boutique épurée, des flacons de verre épais contiennent les liquides précieux. Parmi eux, le *Linde Berlin*, allusion aux tilleuls jalonnant les boulevards de la ville, ou encore le *Berlin Summer* (ode aux étés de la capitale) et l'*Eau de Berlin* (disponibles en coffret 3 x 15 ml : 55 €). *Violet* est quant à lui, une réinterprétation du parfum favori de Marlene Dietrich (75 € pour 50 ml).

Zimmerstrasse 13 • U Kochstrasse • 20 21 53 10 • www.frau-tonis-parfum.com • Lun.-sam. 10h-18h.

Activités Détente

Découvrir Berlin

Parcours vélo Plan G7

Sans trop d'effort, en compagnie d'un guide francophone, qui connaît le Mur sous toutes ses coutures. Et ses à-côtés les plus alternatifs : un bar à cocktail secret, une ex-pharmacie convertie en café…

Départ t.l.j. à 10h ou 14h de Take a Bike, Neustädtische Kirchstrasse 6 • U Friedrichstrasse • decouvrir-berlin.com • 40 €/adulte (durée 3h30).

LES MEILLEURES SPÉCIALITÉS ALLEMANDES

Si la viande de porc, la pomme de terre et le chou sont la base de la cuisine allemande, de nombreuses spécialités régionales viennent agrémenter les menus, comme les boulettes *(Klopse)*, l'escalope panée *(Schnitzel)* ou les pâtes au fromage *(Käsespätzle)*. Quant aux légumes, ils sont mis à l'honneur selon le calendrier des saisons : asperges au printemps, girolles à la fin de l'été...

Lebensmittel in Mitte

Lutter & Wegner

Depuis 1811, on y sert une cuisine traditionnelle, bourgeoise, avec une petite touche autrichienne (*Schnitzel*, *Tafelspitz*, etc.).

Voir p. 32, quartier 2.

PeterPaul

Notre chouchou ! Tout plein de spécialités allemandes en modèle réduit : les plats ont la taille d'une bouchée ! Un délice !

Voir p. 53, quartier 4.

Lubitsch

D'excellents classiques de la cuisine allemande tout en finesse. Salle à manger spacieuse et jolie petite terrasse.

Voir p. 99, quartier 9.

Lebensmittel in Mitte

La meilleure adresse autour de l'Alexanderplatz. Cuisine bavaroise raffinée, sur place ou à emporter.

Voir p. 66, quartier 5.

Oderquelle

Chaussons fourrés à la volaille, cuissot de cerf... une savoureuse institution sur le chemin du Mauerpark.

Voir p. 157, quartier 14.

UNE CAPITALE TOURMENTÉE

En 1803, quand Stendhal écrit : « Je ne sais qui a donné l'idée de planter une ville au milieu de ce sable », Berlin est encore loin d'égaler Vienne, Paris et Londres. Moins d'un siècle plus tard, la ville jouit d'un prestige incontesté, qui connaît son apogée dans les années 1920. Détruite, occupée, puis divisée, elle perd tout après la guerre et doit attendre un demi-siècle pour retrouver son statut de capitale et prendre un nouveau départ.

Capitale royale, puis impériale

En 1701, l'Électeur Frédéric III de Brandebourg devient **roi de Prusse** sous le nom de **Frédéric Ier** et s'installe avec sa cour à Berlin. La petite ville provinciale, capitale de l'électorat le plus pauvre d'Allemagne depuis 1415, devient royale et se pare d'**édifices baroques.** Stimulée par une habile politique d'immigration, la population s'accroît et la ville s'étend, puis s'orne de bâtiments **néoclassiques** sous **Frédéric II.**

Berlin s'industrialise et continue de s'étendre au siècle suivant, avant de devenir, en 1871, la **capitale impériale** d'une **Allemagne unifiée par Guillaume Ier et Bismarck.** Commence alors le « temps des fondateurs » *(Gründerjahre)*, qui voit Berlin se couvrir d'imposants édifices à l'architecture éclectique, notamment autour du Kurfürstendamm.

Les Goldene Zwanziger

Après la défaite de 1918 et la révolution de 1919, Berlin connaît un **bref âge d'or** qui bouleverse toutes les valeurs et invente une culture du plaisir. Théâtres, cinémas, cafés, cabarets, bars et clubs illuminent les nuits berlinoises. Au Romanisches Café, sur le Kurfürstendamm, l'avant-garde artistique et intellectuelle donne le ton et, pour la première fois, le cœur de la capitale bat à l'ouest.

Parallèlement naît une ville moderne avec la création du **« Grand Berlin »** (1920), qui rassemble près de 4 millions d'habitants sur 800 km^2, et la construction de grands ensembles à la périphérie, comme Siemensstadt (1928), à Charlottenburg. Après la crise de 1929, l'arrivée d'Hitler au pouvoir en 1933 met un terme brutal à ces Années folles.

La ville du Mur

À la fin de la dernière guerre, l'ampleur des destructions offre un spectacle désolant. Il faut déblayer et reconstruire une ville divisée en quatre secteurs d'occupation par des Alliés que tout oppose très rapidement. En 1948, un gigantesque **pont aérien** de plusieurs mois permet aux Occidentaux de résister au blocus de la ville par les Soviétiques.

La **RDA**, proclamée en 1949, suspend peu à peu ses communications avec l'Ouest et, pour endiguer l'**exode** de sa population, édifie **dans la nuit du 12 au 13 août 1961 un mur** qui encercle Berlin-Ouest sur une longueur totale de 156 km (à elle seule, la ligne de démarcation qui sépare Berlin-Est de Berlin-Ouest mesure 44 km !). Construit avec des plaques en béton d'environ 4 m de hauteur, il est renforcé, côté est, par des clôtures de contact, un chemin de ronde de 6 à 7 m de large, des fossés antivéhicules et antichars, 302 miradors et 20 bunkers (une maquette de ce « couloir de la mort » est exposée au **DDR Museum**, p. 64). Cette construction insensée, symbole de la guerre froide, sépare du jour au lendemain des familles entières, des voisins et des collègues.

Une nouvelle ancienne capitale

Pendant près de 30 ans, le Mur réduit Berlin à deux villes ennemies, dont l'une est une île ; et l'autre, une prison. Drame humain, la partition est aussi une catastrophe politique et économique, car Berlin-Ouest et Berlin-Est sont devenus des vitrines qui évoluent de façon autonome, sans presque aucun contact.

Dans les années 1980, la **glasnost** venue de Moscou annonce un changement qui se concrétise le **9 novembre 1989,** quand la RDA décide l'**ouverture des frontières.** Le Mur n'y résiste pas, et l'Histoire s'accélère : le **3 octobre 1990,** l'Allemagne fête à Berlin sa **réunification** et, le 21 juin 1991, Berlin retrouve son statut de capitale. Depuis, institutions gouvernementales, ministères, représentations des Länder et ambassades ont regagné Berlin, qui se métamorphose pour faire face à de nouveaux défis. ■

L'ÎLE DES MUSÉES (MUSEUMSINSEL)

3

Un complexe muséographique exceptionnel vous attend à la pointe nord de l'île où les rois de Prusse avaient leur château. Cinq musées au total, édifiés au fil du XIXᵉ s., malmenés par la guerre et par la partition de Berlin, mais tous désormais rénovés et inscrits au patrimoine mondial de l'humanité. Au menu ? Des antiquités babyloniennes, un buste de la reine Néfertiti, des trésors de l'âge du bronze et des chefs-d'œuvre de Caspar David Friedrich. Le nouveau château, tout juste reconstruit presque à l'identique, vous réserve lui aussi de belles surprises, en accueillant un musée d'ethnologie et d'art asiatique.

Humboldt Forum

1 Humboldt Forum/ Berliner Schloss✦

Vous avez devant vous le nouveau **château de Berlin** (Berliner Schloss) reconstruit à l'emplacement du Palast der Republik – le « palais de la République » (démoli en 2006-2008) que les autorités est-allemandes avaient érigé en 1950 sur les ruines de l'ancien château des rois de Prusse, bombardé en 1945. Revanche sur l'histoire ou aberration architecturale, ce bâtiment très onéreux, assez controversé et incompris d'une partie de la population, a ouvert ses portes au public fin 2020 sous le nom de « **Humboldt Forum** ».

Ce lieu de rencontres et d'échanges, qui abrite les riches collections du Musée ethnologique et du musée d'Art asiatique de Berlin, accueille des dizaines de manifestations par an. Films, expositions et discussions sur la science, l'art, la religion et la politique sont aussi au programme.

Humboldt Forum : *Schlossplatz, Unter den Linden 10 • ☏99 211 89 89 • www.humboldtforum.com • Voir les horaires sur le site • Accès libre, expos payantes.*

2 Berliner Dom**

Cathédrale de Berlin

Afin de donner plus d'éclat à sa capitale, Guillaume II chargea Julius Raschdorff de remanier la cathédrale baroque de Frédéric II. L'édifice monumental qui en résulta plut à l'empereur : voyez le porche occidental et la riche ornementation intérieure. Grimpez en haut de la coupole : la vue sur Berlin récompensera vos efforts.

Am Lustgarten • ☏20 26 91 36 (pour réserver les billets de concert) • www.berlinerdom.de • Lun.-sam. 9h-19h, dim. 12h-19h, dernière entrée 1h avant fermeture • Entrée : 9 € • Concerts (Haydn, Bach, etc.) : 20-130 €.

3 Altes Museum**

Premier musée inauguré à Berlin en 1830, l'« **Ancien Musée** », dessiné par Schinkel, fut conçu pour présenter au public les collections des Hohenzollern. Son architecture néoclassique se caractérise par un imposant portique, soutenu par 18 colonnes de style ionien et, à l'intérieur, par une salle en rotonde entourée d'une colonnade. Il abrite désormais une vaste collection d'antiquités gréco-romaines et étrusques.

Am Lustgarten • ☏20 90 55 44 • www.smb.museum • Mar.-dim. 10h-18h • Entrée : 10 €.

4 Neues Museum**

Lorsqu'il a ouvert ses portes en 1859 pour seconder l'Ancien Musée (Altes Museum) très fréquenté, le **Nouveau Musée,**

Berliner Dom

conçu par Friedrich August Stüler dans le style néoclassique, était à la pointe de la muséographie. C'est de nouveau le cas depuis 2009 grâce à l'architecte David Chipperfield, qui a restauré l'ensemble du bâtiment de main de maître, depuis les salles voûtées du sous-sol, jusqu'au 3e étage, des collections pré- et protohistoriques en passant par l'Égypte antique.

Préhistoire et protohistoire

Ce sont 6000 objets archéologiques découverts en Europe et dans une partie de l'Asie qui sont réunis ici du rez-de-chaussée au deuxième niveau. La pièce la plus étonnante de cette section est certainement Le ***Berliner Goldhut*** de la salle 305, un cône gravé d'énigmatiques motifs évoquant un calendrier solaire. On pense que ce haut chapeau en or, aussi fin qu'une feuille de papier, était porté lors de cérémonies au IXe s. av. J.-C.

Collections égyptiennes

Le Musée égyptien présente quatre millénaires d'histoire de l'Égypte antique et des cultures nubiennes, à travers des objets, statues, bas-reliefs et autres merveilles. La visite se termine par la bibliothèque de l'Antiquité, contenant une impressionnante sélection de textes religieux et d'œuvres littéraires inscrits en différentes langues, sur papyrus, cuir, parchemin, textile ou tablettes de cire.

Néfertiti

L'œuvre la plus célèbre du musée a droit à une salle pour elle toute seule (s. 210) ! Il s'agit du buste de Néfertiti (en allemand, *Nofretete*), épouse d'Akhenaton et reine de la XVIIIe dynastie (vers 1340 av. J.-C.). Il aurait été réalisé par Thoutmôsis, artiste de la cour. Les analyses ont révélé qu'il est revêtu d'une fine pellicule de gypse ; quant à son œil droit, il est en cire et cristal de roche.

Bodestrasse 1-3, accès par la James-Simon-Galerie • ☎266 42 42 42 • www.smb.museum • T.l.j. 10h-18h, jeu. 10h-20h • Entrée : 12 €.

5 Alte Nationalgalerie**

Ouverte en 1876, restaurée en 2002, l'**Ancienne Galerie nationale**, conçue d'après les plans d'August Stüler, est consacrée à la sculpture néoclassique et à la peinture du XVIIIe au début du XXe s. On peut y admirer notamment des œuvres réalistes signées Courbet, Goya et Constable, un excellent panorama de la peinture allemande (Caspar David Friedrich, Adolph Menzel – notamment la célèbre *Chambre au balcon* – et Max Liebermann, entre autres), ainsi que plusieurs toiles impressionnistes françaises (Manet, Monet et Renoir) au 2e étage.

Une collection à l'épreuve du nazisme

Jusqu'en 1938, l'Ancienne Galerie nationale était l'une des plus riches collections de peinture et sculpture européennes du XIXe s. Les nazis, qui y voyaient de « l'art dégénéré », ont confisqué beaucoup de ses tableaux. D'autres ont brûlé en 1945, lors de l'incendie du bunker où on les avait entreposés. Il reste cependant de vraies merveilles.

Réalisme

Le rez-de-chaussée est consacré aux différentes facettes de la peinture réaliste qui, en Allemagne, avait pour chef de file un contemporain de Courbet, **Adolph von Menzel** (1815-1905), aussi habile à décrire la vie à la

Pause muséale : Café im Zeughaus

Le café plutôt spacieux du Deutsches Historisches Museum a deux atouts : on n'a pas besoin du ticket du musée pour y entrer et on y décroche assez facilement une table en dehors des heures de pointe. Un cadre sympa, on y propose un menu qui change tous les jours. Côté boissons, le choix est large : ils servent même le *pharisäer* des îles de la Frise, ce fameux café au rhum dissimulé sous une couche de crème.

12 **Plan H7** • ***Unter den Linden 2 (accès possible depuis le quai Am Kupfergraben) • ☎20 64 27 44 • www.dhm.de • T.l.j. 10h-18h • Thé : 3,50 €.***

cour de Frédéric II de Prusse que l'industrialisation et le monde ouvrier. *Le Laminoir* (1875), salle 1.13, est un bel exemple de son talent.

Caspar David Friedrich

Point fort du musée, l'inventeur de la peinture romantique, Caspar David Friedrich (1774-1840), est représenté par une série de chefs-d'œuvre emplis de mélancolie et de silence. Les toiles *Moine au bord de la mer* de 1810 et *L'Arbre solitaire* de 1822 sont notamment exposées.

Bodestrasse 1-3 • ☎ 266 42 42 42 • www.smb.museum • Mar.-dim. 10h-18h • Entrée : 10 €.

Pergamonmuseum

6 Pergamon-museum✦✦✦

Musée de Pergame

Cet incroyable édifice, le plus impressionnant de l'île des Musées, doit sa célébrité aux reconstructions grandeur nature qu'il présente – dont l'autel de Pergame auquel il doit son nom. Une chose est sûre, ses trésors ne laissent pas de marbre. Ce fabuleux musée abrite des œuvres à couper le souffle.

Collection antique

Joyau de cette collection de monuments et de sculptures grecs reconstitués, **l'autel de Pergame**, du IIe s. av. J.-C., est orné d'une frise hellénistique de 120 m racontant le combat mythologique des dieux et des géants. Plus loin, vous trouverez la porte de l'agora de Milet, merveille d'architecture romaine taillée dans le marbre en 165 apr. J.-C.

Attention : ***Les salles de Pergame sont fermées jusqu'en 2025. Un bâtiment temporaire héberge le Panorama, une mise en situation de pièces de la collection par Yadegar Asisi.***

Antiquités du Proche-Orient

Ce musée présente les milliers d'objets provenant des fouilles allemandes de grands sites archéologiques du Proche-Orient, notamment en Irak. Difficile de ne pas être impressionné, entre autres, par les reconstitutions de la magnifique porte d'Ishtar ou de la voie des Processions de Babylone,

Deutsches historisches Museum

construites au VIe s. av. J.-C. sous le règne de Nabuchodonosor II.

Art islamique

Au 1er étage, découvrez les nombreuses pièces (tapis, miniatures, calligraphies) qui retracent l'histoire de l'art islamique. Côté reconstitution, vous pourrez admirer la façade du palais jordanien de Mchatta (VIIIe s.) ou encore la célèbre Chambre d'Alep (1603), offerte en 1903 à Guillaume II, ornée de boiseries somptueuses.

Bodestrasse 1-3, accès par la James-Simon-Galerie • ☎266 42 42 42 • www.smb.museum • Mar.-dim. 10h-18h, jeu. 10h-20h • Entrée (résa obligatoire sur le site) : 12 €; ticket combiné Panorama + musée : 19 €.

7 Bode-Museum✦✦

Construit de 1897 à 1904 à l'initiative de Wilhelm von Bode – l'un des directeurs généraux des musées de Berlin les plus marquants –, cet édifice néobaroque surmonté d'une coupole épouse la pointe de l'île. Son musée présente le cabinet des Monnaies et des Médailles, un bel ensemble de retables et de sculptures, et une remarquable collection d'art byzantin.

Am Kupfergraben 1 • ☎266 42 42 42 • www.smb.museum • Mar.-dim. 10h-18h, jeu. 10h-20h • Entrée : 10 €.

8 Deutsches historisches Museum✦✦

Musée de l'Histoire allemande

Ce musée occupe l'ancien arsenal royal, soit le plus vieil édifice d'Unter den Linden et l'une des plus belles réalisations baroques de Berlin. Il offre un voyage encyclopédique dans 1 500 ans d'histoire, illustré par 7 000 objets. L'institution a été complétée en 2003 par un bâtiment de l'architecte Ieoh Ming Pei, dédié aux expositions temporaires.

Arsenal *(Zeughaus)*

Son portail principal est surmonté de quatre figures allégoriques qui symbolisent la physique, la mécanique, les mathématiques et la pyrotechnie. Les autres décorations de la façade sont l'œuvre d'Andreas Schlüter, auteur également des 22 masques de guerriers mourants qui ornent la cour intérieure, coiffée par Pei d'une coupole de verre.

Nouveau bâtiment

Réalisé par Ieoh Ming Pei entre 1999 et 2003 en pierre blonde et en verre, il est situé au nord de l'Arsenal, relié à ce dernier par un passage souterrain. La partie dévolue aux expositions temporaires en présente six par an, développant des problématiques contemporaines et historiques de la société allemande.

Collection

Installée sur deux niveaux, la collection permanente retrace, à travers 7 000 objets, documents et œuvres d'art, l'histoire de l'Allemagne, depuis le Moyen Âge jusqu'à la Réunification en passant par la Réforme protestante et la République de Weimar. La visite débute par le 1er étage. Une partie importante du rez-de-chaussée est dédiée au régime nazi avec des photos des premiers autodafés, des prisonniers de guerre et du ghetto de Varsovie. Poignant !

Unter den Linden 2 • ☎20 30 40 • www.dhm.de • T.l.j. 10h-18h (f. 24 déc.) • Entrée : 8 €.

Restos | Bars | Hôtels | Shopping | Activités

Bars, clubs Sorties

Staatsoper Unter den Linden

Opéra 6 Plan H7

Le prestigieux Opéra « Sous les tilleuls », fondé en 1742, a rouvert ses portes en 2017, après 10 ans de travaux. Et chaque soir ou presque, il enchante le public avec de grands classiques du répertoire (*Don Giovanni*, *La Flûte enchantée*, etc.) dirigés par Daniel Barenboim. Concerts et récitals à des prix abordables (18-65 €).

Unter den Linden 7 • Bus 100, 200 ou TXL • www.staatsoper-berlin.de • ☎030 20 35 42 40 • Billetterie : t.l.j. 12h-19h • Place : 18-275 €.

Maxim Gorki Theater

Théâtre 7 Plan H7

Ce théâtre a été fondé en 1952 dans le bâtiment de l'ancienne Singakademie sur l'avenue Unter den Linden. Ayant pour toile de fond la crise économique et politique, les mises en scène traitent, souvent avec humour, des conflits sociaux et culturels

Représentation au Maxim Gorki Theater

contemporains. Toutes les pièces, issues du répertoire classique ou créations contemporaines, sont surtitrées en anglais.

Am Festungsgraben 2 • U & S Friedrichstrasse • 20 22 11 15 • www.gorki.de • Billetterie : lun.-ven. 12h-18h30, dim. 16h-18h30 • Billet : 10-38 €.

Shopping Cadeaux

Antik- und Buchmarkt am Bode-Museum

Marché 3 Plan G7

Au bord de la Spree, le long de l'île des Musées, la berge se couvre tous les week-ends d'un marché aux puces. On y trouve essentiellement des livres et des disques, mais quelques étals proposent çà et là des vêtements ou des objets d'occasion. Attention toutefois, plus on se rapproche d'Unter den Linden, plus les puces se transforment en marché purement touristique.

Am Kupfergraben, Georgenstrasse, Geschwister-Scholl-Strasse • S Hackescher Markt • 0176 666 66 715 • www.antikbuchmarkt.de • Sam.-dim. et j.f. 10h-17h.

AUTOUR DE L'AUGUSTSTRASSE

4

Anciennement nommée « quartier des Granges » (Scheunenviertel), cette zone de Mitte devint l'un des principaux quartiers juifs de Berlin, puis fut laissée à l'abandon après la guerre par le régime est-allemand. Prisé du mouvement alternatif et des artistes à la chute du Mur, le quartier fut progressivement restauré, accueillant galeries d'art et restaurants branchés, notamment au cœur de ses nombreuses arrière-cours.

Neue Synagoge

1 Kunsthof✦

L'Oranienburger Strasse conserve plusieurs immeubles du XIXe s., auxquels le passant ne prête pas toujours attention. C'est dommage, car certains sont encore assez séduisants, comme le nº 27, construit en 1840 et décoré par des élèves de l'architecte Karl Bötticher. Sa jolie **cour intérieure**, que l'on appelle « Kunsthof », accueille quelques galeries d'art. Vous pourrez également vous attabler en terrasse.

Entrée par l'Oranienburger Strasse 27 • www.kunsthof-berlin.de • Mar.-sam. 12h-18h.

2 Neue Synagoge✦✦

De style néobyzantin-mauresque, la plus grande synagogue de Berlin fut édifiée par Stüler sur des plans de Knoblauch. Inaugurée en 1866 en présence de Bismarck, elle pouvait accueillir 3 000 fidèles et symbolisait l'émancipation des juifs berlinois. Incendiée lors de la Nuit de cristal (du 9 au 10 novembre 1938), détruite par les bombes en 1943, elle fut démolie en 1958. La façade et la coupole ont été reconstruites en 1991.

Le Centrum Judaicum y présente des expositions sur l'histoire de la synagogue et de la culture juive.

Oranienburger Strasse 28-30 • ☏88 02 83 16 • www.centrumjudaicum.de • Avr.-sept. : lun.-ven. 10h-18h, dim. 10h-19h; oct.-mars : dim.-jeu. 10h-18h, ven. 10h-15h • Entrée : 7 €.

3 Sophienstrasse✦

Une impression de sérénité se dégage de cette charmante rue bordée de jolies maisons des XVIIIe et XIXe s., l'une des premières où les autorités est-berlinoises choisirent de restaurer les édifices existants plutôt que de construire des logements neufs. On y découvre de nombreuses cours en enfilade, telles celles du n° 18 qui s'ouvrent sur un beau portail décoré de terre cuite et qui abritent les Sophiensaele (p. 55) ou celle du n° 22A avec son coquet jardinet.

4 Sophienkirche✦

Entourée d'un paisible jardin ombragé où se dressent quelques tombes éparses, l'**église Sainte-Sophie** fut construite en 1712 à l'initiative de Sophie-Louise, troisième épouse du Grand Électeur. De style baroque, elle domine le quartier de son clocher. Remaniée à la fin du XIXe s., elle a conservé une grande partie de sa décoration d'origine, notamment une jolie chaire et un buffet d'orgue de 1790.

Grosse Hamburger Strasse 29-30 • ☏30 87 920 • T.l.j. 14h-17h (18h en été).

Pause arty : Café Bravo

Véritable sculpture de verre et d'acier née de l'imagination du designer américain Dan Graham, ce café élégant au décor minimaliste voisine avec le célèbre **Kunst-Werke**, institut d'art contemporain (mer.-lun. 11h-19h, jeu. 11h-21h). Tout en goûtant un New York cheesecake (4 €), vous pourrez méditer sur ses expositions avant-gardistes, puis découvrir les nombreuses galeries du quartier.

13 **Plan H6** • *Auguststrasse 69 • Dim.-mer. 11h-18h, jeu.-sam. 11h-21h.*

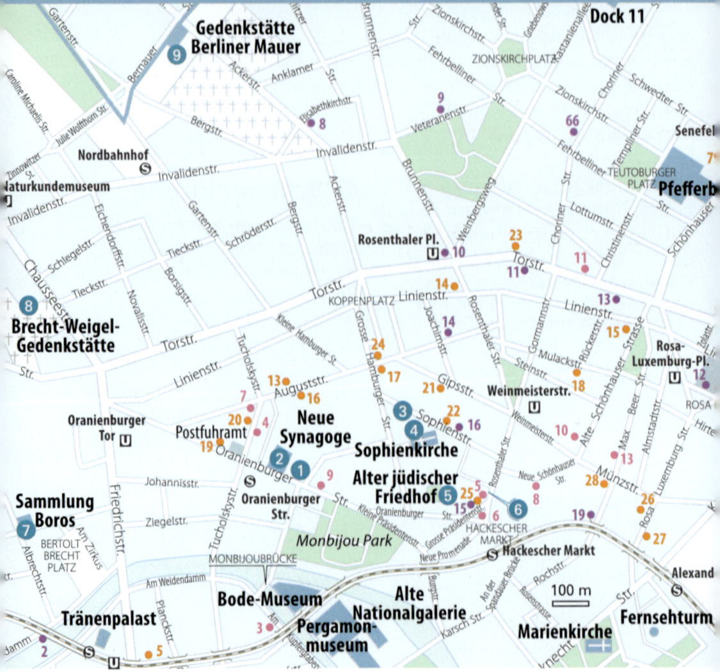

⑤ Alter jüdischer Friedhof✦

Vieux cimetière juif

C'était le premier cimetière juif de Berlin. Dévasté par les nazis en 1943, il ne compte plus qu'une quinzaine de sépultures et quelques pierres tombales dont celle, reconstituée, du philosophe Moses Mendelssohn. Près de l'entrée, une plaque rappelle la déportation des juifs berlinois. Le cimetière est rendu à la communauté juive en 1948. Sur le trottoir d'en face, l'artiste Christian Boltanski invite lui aussi les passants à se souvenir : sur les murs d'une maison détruite pendant la guerre (la « maison manquante »), il a apposé les noms de ses anciens occupants.

*Grosse Hamburger Strasse 26 • **Été** : lun.-jeu. 7h30-17h, dim. 8h-17h, ven. 7h30-14h ; **hiver** : lun.-jeu. 7h30-16h, dim. 8h-16h, ven. 7h30-14h • Accès libre (les hommes doivent se couvrir la tête).*

⑥ Hackesche Höfe✦✦

Il est des endroits dont rien ne peut altérer le charme. Tel est le cas de cet immense complexe architectural constitué d'une succession de cours intérieures et devenu l'un des lieux les plus touristiques de la capitale, avec ses cafés et ses restaurants, ses boutiques et ses salles de spectacle. Dotée d'un décor Jugendstil de tuiles vernissées, la première cour (1907) est sûrement la plus pittoresque. Prenez le temps de flâner de cour en cour et laissez le charme opérer.

Angle Rosenthaler Strasse 40-41 et Oranienburger Strasse • www.hackesche-hoefe.de

7 Sammlung Boros✦✦

À la recherche d'un lieu pour exposer sa **collection d'art contemporain**, le couple Boros a investi un vestige géant de la Seconde Guerre mondiale : un **bunker**. Utilisé, entre autres, pendant la seconde partie du XXe s. comme lieu de stockage de fruits et légumes et comme club techno, cet écrin en béton armé est un concentré d'histoire. Un passé que les jeunes guides transmettent avec passion, tout en partageant leur connaissance des œuvres (Olafur Eliasson, Ai Weiwei, Wolfgang Tillmans, etc.).

Reinhardtstrasse 20 • ☎27 59 40 65 • www.sammlung-boros.de • Visite guidée jeu. 15h-18h30, ven.-dim. 10h-18h30 (en allemand ttes les heures ou en anglais ttes les 30 min), durée 1h30 • Résa indispensable plusieurs semaines à l'avance • Entrée : 18 €.

8 Brecht-Weigel-Gedenkstätte✦

Maison Brecht-Weigel

En 1928, en créant *L'Opéra de quat'sous* au **Berliner Ensemble** (Bertolt-Brecht-Platz 1), Brecht inventait le « théâtre épique ». Vingt ans plus tard, en 1949, après le succès de *Mère Courage et ses enfants*, Brecht prenait la direction du théâtre. Un peu plus loin, la maison où il vécut ses dernières années avec son épouse Hélène Weigel est devenue un musée – trois pièces

Pause asiatique : Cô Cô

Coqueluche des Berlinois en quête de rapidité et de produits sains : le *bánh mi*. Encas de rue traditionnel vietnamien, il se compose d'une baguette croustillante garnie à la minute de légumes marinés, d'herbes fraîches et de viandes (à partir de 5 €). Né à Saïgon, le propriétaire Anh Vu Dang a apporté une recette secrète de l'incontournable mayonnaise, transmise par sa tante (*Cô* en vietnamien), à laquelle il dédie son agréable snack aux tables de bois sombre. Au menu, vous trouverez également des omelettes *(bánh xéo)* vietnamiennes et des salades.

14 **Plan H6** • *Rosenthalerstrasse 2 • ☎55 87 59 98 • Lun.-sam. 11h-22h, dim. 12-22h. Plat du jour : 9 €.*

ont été conservées en l'état. Le couple repose dans le cimetière voisin, à gauche de l'entrée.

Chausseestrasse 125 • ☏200 57 18 44 • www.brecht-museum.de • Mar. et sam. 10h-15h30, mer. et ven. 10h-23h30, jeu. 10h-18h30, dim. 11h-18h; visite toutes les 30 min (toutes les heures dim.) • Résa possible par e-mail : brechtweigelmuseum@adk.de (uniquement pour les groupes) • Entrée : 5 €.

9 Gedenkstätte Berliner Mauer✦✦✦

Mémorial du mur de Berlin

Le 13 août 1961, subitement coupée en deux par le Mur comme de nombreuses rues berlinoises, la Bernauer Strasse fut dans les années qui suivirent le théâtre de scènes déchirantes. On y trouve aujourd'hui un mémorial composé d'un centre d'accueil des visiteurs, d'un centre de documentation et d'une exposition aménagée en extérieur sous la forme d'une coulée verte à l'emplacement même de l'ancien no man's land. Des documents d'archives, notamment des vidéos et des témoignages audio, évoquent les conséquences du Mur sur la vie des habitants de Berlin-Est et la façon dont certains essayèrent de le franchir par tous les moyens.

Centre de documentation : ***Bernauer Strasse 111 et 119 • ☏213 08 51 66 • Jeu.-dim. 11h-17h; expo extérieure t.l.j. 10h-22h • Accès libre.***

Rencontre pour les visites guidées : ***Bernauer Strasse 119 • ☏467 98 66 66 • www.berliner-mauer-gedenkstaette.de/fr.***

Restos | Bars | Hôtels | Shopping | Activités

Restos Bistrots

Zeit für Brot

Boulangerie 15 Plan H6

Ce café-boulangerie réconciliera les amateurs de baguette et les habitués du *Vollkornbrot* « pain complet », grâce à son large choix de pains et viennoiseries bio, dont *Zimmetkuchen* (brioche à la cannelle : 2 €). Les enfants pourront observer les artisans boulangers malaxer la pâte à travers la vitre de la cuisine, pendant que les parents dégusteront un *Zimtschnecke*, roulé à la cannelle, accompagné d'un cappuccino, attablés en terrasse ou derrière la large vitrine.

Alte Schönhauser Strasse 4 • Ⓤ Rosa-Luxemburg Platz • ☏28 04 67 80 • www.zeitfuerbrot.com • Lun.-ven. 7h-20h, sam.-dim. 8h-18h • Croissant : 2 €.

House of Small Wonder

Brunch 16 Plan G-H6

Montez par l'escalier en colimaçon dans le hall de l'immeuble, et découvrez l'environnement

chaleureux fait de plantes et de boiseries, où vous pourrez bruncher, au calme jusqu'à 17h ou manger un plat du jour en semaine. Créée en 2014 par un couple israélo-japonais après le succès de leur enseigne ouverte quatre ans plus tôt à New York, cette adresse offre un délicieux mélange d'inspirations européennes et japonaises.

Auguststrasse 11-13 • U Oranienburger Tor • ☏20 91 73 54 • www.houseofsmallwonder.de • T.l.j. 9h-17h • Brunch : 8-13,50 €.

Shiso Burger

Burgers

17 Plan H6

Des buns faits maison et des viandes et poissons de qualité marinés dans des sauces asiatiques, voici le secret des burgers cuisinés dans ce petit restaurant-snack. Pour une pause gourmande, commander la recette Bulgogi au bœuf ou Shiso au thon. Si les burgers ne sont pas très copieux, vous ne serez pas déçu par votre portion de frites de pommes de terre ou de patates douces.

Auguststrasse 29C • U Weinmeisterstrasse • ☏88 94 46 87 • www.shisoburger.de • T.l.j. 12h-21h30 • Burger : 6-8,50 €.

Green Tea Café Mamecha

Japonais

18 Plan H6

Situé dans une rue calme du quartier pourtant très fréquenté de Mitte, ce café japonais est un petit havre de paix où s'arrêter pour un déjeuner léger sous forme de bento, ou pour découvrir une des nombreuses recettes au thé vert de la maison : gâteaux, boissons, etc. À tester : le matcha-latte, un lait chaud et mousseux au thé vert matcha (5 €), cousin asiatique du café latte-macchiato.

Mulackstrasse 33 • U Weinmeisterstrasse • ☏28 88 42 64 • www.mamecha.com • Lun.-sam. 12h-19h (cuisine 12h-15h) • Glace au thé vert matcha : 3,50 €.

Acht&Dreissig

Allemand 19 Plan G6

Dans les assiettes de ce bon resto tout simple aux murs de brique, rien que de la cuisine allemande revue et corrigée par le chef qui a la bonne idée de proposer des salades à 10,50 €. La carte est courte mais équilibrée, avec de la viande, du poisson, un plat vegan…

Oranienburger Strasse 38 • Ⓢ Oranienburger Strasse • ☎ 30 37 46 50 31 • www.restaurant38berlin.de • Jeu.-dim. 17h30-23h30. • Plat : 13,50-19,50 €.

Keyser Soze

Allemand 20 Plan G6

Entre bistrot et *Kneipe*, voici un endroit un peu inclassable. On s'y retrouve pour boire un verre, siroter un thé limette-gingembre (3,50 €) ou manger une cuisine allemande simple.

Tucholskystrasse 33 • Ⓢ Oranienburger Strasse • ☎ 28 59 94 89 • www.keyser-soze.de • Dim.-mer. 8h-1h, jeu.-sam. 8h-2h (restaurant 11h-23h), petit déj. t.l.j. 8h-16h • Restauration : 6-9 €.

Altes Europa

Bistrot 21 Plan H6

À la fois bar, café et restaurant, l'Altes Europa a ce côté *gemütlich* « douillet », qui ravit les Berlinois. Si confortable, chaleureux et porté par un service charmant (et partiellement francophone) qu'on s'y sent directement « chez soi ». Les habitués y passent à toute heure, pour un cocktail, une bière ou un plat à choisir sur l'ardoise, qui reste simple et maîtrisée.

Gipsstrasse 11 • Ⓤ Weinmeisterstrasse • ☎ 28 09 38 40 • www.alteseuropa.com • T.l.j. 12h-minuit (cuisine 12h-22h) • Plat : 8-18 €.

Mittendrin

Bistrot 22 Plan H6

Baigné d'une ambiance jazzy, ce restaurant à la décoration sobre et design est un spécialiste des *Flammkuchen* (à partir de 8 €). Petites ou grandes, la carte en propose une dizaine, fines et originales, des salades (12 €), des soupes et des plats pour moins de 10 €. Terrasse dans la cour et belle sélection de vins du Bade-Wurtemberg (à partir de 4 € le verre).

Sophienstrasse 19 • Ⓢ Hackescher Markt • ☎ 28 49 77 40 • www.mittendrin-in-berlin.de • Mar.-sam. 12h-23h (cuisine 12h-22h).

Acht&Dreissig

PeterPaul

Tapas gastronomiques

23 Plan H6

Le concept est assez génial : on vous mitonne ici le meilleur de la gastronomie allemande en... modèle réduit. Et comme chaque plat a la taille d'une bouchée, on peut, sans se charger l'estomac, faire le tour des classiques : *Klopse* « boulettes » de Königsberg, *Maultäschchen* « chaussons » aux herbes et fromage, *Matjes* « jeunes harengs ». Le tout, servi avec le sourire et des vins du Palatinat.

Torstrasse 99 • U Rosenthaler Platz • ☎ 43 77 30 43 • www.peterpaul.berlin • Mar.-sam. 18h-0h30, dim. 18h-23h • Tapas : 4,50-9 € • Résa indispensable.

The Barn Café

Café

24 Plan H6

Voici un chouette café comme on les aime, qui joue la carte du circuit court et des recettes maison (celles de la mère de Ralf, le propriétaire). Son point fort ? Le café, parfaitement torréfié à Berlin, et les *Stullen* « tartines » : celles au saumon et gervais sont vraiment savoureuses. Avis aux amateurs de thé blanc : ici, il est servi comme il se doit, en trois infusions !

Auguststrasse 58 (à l'angle de la Koppenplatz) • U Weinmeisterstrasse • www.thebarn.de • Lun.-ven. 10h-17h, sam.-dim. ouv. variable • Café : 2,50-4,50 € ; snack : 4,50 € • Carte bancaire uniquement.

Oxymoron

Gastronomique

25 Plan H7

Salle tendue de chintz et meublée avec goût, voici un cadre agréable et sophistiqué pour dîner au cœur des Hackesche Höfe (p. 48). Le chef réussit avec bonheur de subtils mélanges. Il y a même une terrasse – attention, elle est vite prise d'assaut.

Rosenthaler Strasse 40-41 • S Hackescher Markt • ☎ 28 39 18 86 • www.oxymoron-berlin.de • Mar.-sam. 9h-23h • Menu déjeuner : 14-17,50 €.

Bars, clubs Sorties

Brewdog

Brasserie

8 Plan E1

Cette chaîne de brasserie écossaise propose une trentaine de variétés de bière et de cidre du pays du chardon, mais pas que. Le cadre est à la fois hipster et chaleureux, typique des pubs britanniques modernes. Les pizzas proposées sont certes un peu chères, mais délicieuses. Bref, une valeur sûre !

Ackerstrasse 29 • U Rosenthaler Platz • ☎ 48 47 77 70 • www.brewdog.com • Dim.-jeu. 12h-minuit, sam.-dim. 12h-2h • Bière : 5-6 €.

ACUD macht neu Berlin

Centre culturel

9 Plan E1

ACUD est un centre culturel alternatif créé en 1991 et l'un des rares toujours debout à Rosenthaler Platz. Le lieu en lui-même, coloré et plein de charme, vaut le détour. Vous y trouverez un club avec des soirées à thème, une salle de concert, un cinéma, un théâtre et une salle d'expositions. Le plus : le bar Max Fish, petit mais chaleureux, où il n'y a jamais trop de monde, contrairement aux établissements alentour. Une oasis culturelle intéressante dans le Mitte gentrifié.

Veteranenstrasse 21 • U Rosenthaler Platz • ☎44 01 79 84 • acudmachtneu.de • T.l.j. 19h-3h • Verre de vin : 4 €; cocktail : 6 €.

Mein Haus am See

Bar/Club 10 Plan H6

Un lieu de ralliement bien connu des Berlinois en plein cœur de Rosenthaler Platz. La décoration rétro, avec les canapés d'époque et les murs de béton, donne tout son caractère à ce lieu branché. On aime particulièrement la mezzanine, qui offre une vue imprenable sur la salle. Attention, venir tôt en soirée, car l'endroit peut vite être bondé.

Brunnenstrasse 197-198 • U Rosenthaler Platz • ☎27 59 08 73 • www.mein-haus-am-see.club • T.l.j. 24h/24 (mais vérifiez avant d'y aller !) • Bière : 5 €.

Mikkeller

Bar à bières 11 Plan H6

Mikkel Borg, l'un des meilleurs brasseurs danois du moment, a ouvert récemment à Berlin ce bar minimaliste. L'occasion de découvrir toute la gamme des bières Mikkeler, mais aussi les mousses suédoises Omnipollo et anglaises The Kernel. En accompagnement ? Des fromages Alt Milch et de la charcuterie de Carsten Neumeier. L'ambiance est chaleureuse et les prix sont sages.

Torstrasse 102 • U Rosenthaler Platz • ☎0176 83 14 11 03 • www.mikkeller.dk • Mar.-jeu. 15h-minuit, ven.-sam. 15h-1h, dim. 15h-23h • Bière : 4,50-5,50 €.

Roter Salon

Concert 12 Plan I6

On peut assister au « salon rouge » à des concerts de rock, de punk ou d'électro, mais aussi de tango argentin. Le club est installé dans une ancienne salle de répétition du théâtre d'avant-garde Volksbühne. Le décor avec miroirs, lustres et rideaux rouges est flamboyant. Des lectures sont également organisées régulièrement.

F. temporairement • Rosa-Luxemburg-Platz 2 • U Rosa-Luxemburg-Platz • ☎24 06 55 • www.volksbuehne.berlin • T.l.j. selon programmation • Cocktail : 6,50 €; Bière : 3 €.

Kaffee Burger

Bar 13 Plan H6

Sympa et sans prétention, ce bar à la déco fanée est un incontournable. Un bar, une salle avec estrade, quelques tables et une piste de danse, tout le charme est dans la diversité des ambiances. On y vient prendre un verre, assister à des lectures ou à des projections, écouter des concerts (jeu.) ou danser lors de

Mikkeller

soirées Russendisko, parfois le tout au cours d'une même soirée.

Torstrasse 60 • U Rosa-Luxemburg-Platz ou bus N8, tram M2 et M8 • www.kaffeeburger.de

Burgerbar : *t.l.j. dès 21h.*

Hackbarth's Bar

Bar 14 Plan H6

Dans le quartier sympa et branché des Granges, ce bar est un lieu très agréable pour venir boire un verre et discuter entre amis. Clientèle hétéroclite et large choix de bières, de cocktails et de long drinks.

Auguststrasse 49A • U Weinmeisterstrasse ou Rosenthaler Platz • 282 77 04 • T.l.j. 14h-minuit • Caïpirinha : 8 €.

Chamäleon

Cabaret 15 Plan H7

Ce music-hall présente des spectacles de cabaret qui font la part belle aux acrobaties, à l'humour et à l'érotisme. Méfiez-vous si vous êtes timide ; que vous parliez allemand ou non, si vous prenez place au 1er rang, vous pourriez finir sur scène !

Rosenthaler Strasse 40-41, Hof I • U Weinmeisterstrasse ou S Hackescher Markt • 400 05 90 • www.chamaeleonberlin.com • Billet : 37-61 € (2 € en plus le ven.-sam. et j.f.) • Lun. 12h-18h, mar.-dim. 12h-20h.

Sophiensaele

Théâtre 16 Plan H6

Le lieu où Karl Liebknecht (1871-1919) appela à la révolution est aujourd'hui l'un des théâtres les plus novateurs de Berlin. On y vient pour le théâtre, la danse et la musique. Une scène ouverte aux jeunes artistes et à la création contemporaine !

Sophienstrasse 18 • Ⓤ Weinmeisterstrasse • ☎ 28 35 266 • www.sophiensaele.com • Billet (10-15 €) : lun.-ven. 16h-18h, sur Internet ou 2h avt le spectacle.

Volksbühne

Théâtre 17 Plan I6

Dirigé par Frank Castorf, ce théâtre réputé est l'une des scènes les plus turbulentes de Berlin. Les salles sont consacrées à toutes les formes d'expression, du théâtre à la danse en passant par la musique.

Rosa-Luxemburg-Platz • Ⓤ Rosa-Luxemburg-Platz • ☎ 24 06 57 77 • www.volksbuehne-berlin.de • Billet : 10-40 € (lun.-sam. 11h-18h).

Hôtels B&B

Hotel 38

Ce qu'il faut Plan G6

Les 40 chambres sont sobres et confortables. Excellent pied-à-terre au cœur du quartier des Granges.

Oranienburger Strasse 38 • Ⓢ Oranienburger Strasse • ☎ 282 21 25 • www.hotel38.de • De 79 à 200 € • Petit déjeuner : 8,50 €.

Mikon Eastgate

Avec terrasse Plan D2

Cet établissement offre 30 chambres très correctes situées aux derniers étages d'un immeuble sans charme particulier. La réception se trouve au 5e étage, où vous pouvez prendre un verre sur la terrasse.

Hessischestrasse 10 • Ⓤ Naturkundemuseum • ☎ 40 05 40 90 • www.mikonhotels.de • De 65 à 500 €, petit déjeuner inclus.

Hôtel Hackescher Markt

Idéalement situé Plan H7

Cet hôtel propose 32 chambres et bénéficie d'une situation de rêve près des Hackesche Höfe. Vous pourrez profiter du joli petit patio pour vous détendre.

Grosse Präsidentenstrasse 8 • Ⓢ Hackescher Markt • ☎ 28 00 30 • www.classik-hotel-collection.com • De 80 à 400 € • Petit déjeuner : 12,50 €

Shopping Cadeaux

Your Local Dealer

Concept store 4 Plan G6

Élève de Vivienne Westwood à l'Académie des arts de Berlin, la créatrice a travaillé dans des usines de jeans du monde entier avant de s'installer ici. La plupart de ses créations sont sérigraphiées et produites en édition limitée sur place. Le slogan de la boutique est *Art to wear handmade in Berlin.* Tee-shirts, sacs et autres foulards sont vendus juste en dessous de l'atelier ! Vêtements aux couleurs fluorescentes dès 99 €.

Tucholskystrasse 26 • Ⓢ Oranienburger Strasse • ☎ 98 41 44 20 • www.dorismenzel.com • Mar.-sam. 11h-18h.

Neurotitan

Galerie/librairie
5 Plan H7

Cette boutique consacrée à l'art urbain est dissimulée au bout d'une impasse qui exhibe fièrement les traces du passage de graffeurs de renom. Magazines, livres de référence, œuvres originales et produits dérivés sont réunis pour satisfaire les amateurs de street art. Plus qu'une boutique, Neurotitan est une véritable galerie, un lieu militant qui soutient les artistes dans une ville où les tags n'ont plus trop la cote.

Rosenthaler Strasse 39 • Ⓢ Hackescher Markt • ☏30 87 25 76 • www.neurotitan.de • Mar.-sam. 12h-18h.

Trippen

Chaussures
6 Plan H7

Si vous aimez l'imagination en matière de chaussures, vous serez forcément séduit par les créations écologiques et anatomiques d'Angela Spieth et de Michael Oehler (de 200 à 400 €). En cuir, en toile ou en daim, orné d'une fermeture Éclair ou d'une boucle, plat ou doté de talons bizarres, chaque modèle possède son nom et son originalité propres.

Rosenthaler Strasse 40-41, Hof IV et VI • Ⓢ Hackescher Markt • ☏28 39 13 37 • www.trippen.com • Lun.-sam. 12h-17h.

Anke Runge Berlin

Sacs
7 Plan G6

Pour Anke Runge, un sac doit souligner la personnalité. D'une rare élégance et d'une qualité irréprochable, ses sacs à main et à dos sont des créations originales qui séduisent par leur forme (ronds, carrés, en triangle, etc.) et leurs couleurs franches (de 230 à 750 €).

Tucholskystrasse 31 • Ⓢ Oranienburger Strasse • ☏282 11 52 • www.ankerunge-taschen.de • Lun.-ven. 10h-19h, sam. 11h-18h.

Drykorn

Mode homme 8 Plan H6

À l'évidence, le label que Marco Götz a lancé en 1996 a du succès ! Bien sûr, c'est un brin snob (le nom exact est « Drykorn for Beautiful People »), et les prix tirent sensiblement vers le haut, mais les modèles sont craquants : des matières légères, des coupes fluides, des teintes douces, une ligne urbaine décontractée (jeans : 100-170 €). Incontournable pour ceux qui aiment être branchés sans craindre d'être chics. Il existe une boutique femme au n° 6.

Neue Schönhauser Strasse 14 • Ⓤ Weinmeisterstrasse & Ⓢ Hackescher Markt • ☏28 87 74 68 • www.drykorn.com • Lun.-sam. 11h-19h.

Bonbonmacherei

Confiserie 9 Plan H6-7

Comme leur nom l'indique, les bonbons sont merveilleusement bons. Ceux de Bonbonmacherei ont l'avantage d'être également très colorés, pas trop sucrés, et parfumés comme vous n'avez pas idée. Vous pourrez en acheter en vrac (4,50 € les 200 g) ou en sachet, mais aussi vous constituer votre propre mélange en fonction des couleurs et des arômes (poire, pêche, figue, etc.). De plus, vous pourrez assister à leur fabrication.

Oranienburger Strasse 32 Heckmann-Höfe • Ⓢ Oranienburger Strasse • ☏44 05 52 43 • www.bonbonmacherei.de • Mer.-sam. 12h-18h (f. 1 sem. à Noël et juil.-août).

Schönhauser Design

Décoration 10 Plan H6

Chaises, tables et lampes signées du designer danois Verner Panton… le design rétro est ici à l'honneur avec de nombreuses marques scandinaves. Aux côtés des grands noms du design, vous trouverez un vaste choix de luminaires et d'accessoires sympas, comme des planches à découper (8,50-65 €).

Rosenthalerstrasse 19 • Ⓤ Weinmeisterstrasse • ☏281 17 04 • www.schoenhauser-design.de • Lun.-sam. 11h-20h.

Grober Unfug

Librairie/BD 11 Plan H6

Bon, les bandes dessinées allemandes (à partir de 4 €) sont en allemand, en anglais ou en japonais (parfois en français)… mais les amateurs de graphisme sauront certainement surmonter un tel handicap. Et puis on trouve ici des BD du monde entier, dont certaines d'une extrême rareté. Les fous de mangas se réjouiront ainsi de trouver des éditions japonaises. Pour les collectionneurs ou les amateurs d'originalité, ils vendent aussi des figurines.

Torstrasse 75 • Ⓤ Rosa-Luxemburg-Platz • ☏281 73 31 • www.groberunfug.de • Lun.-ven. 11h-19h, sam. 11h-18h.

NOS BOUTIQUES GOURMANDES

Pour retrouver chez soi le croquant d'un cornichon du Spreewald ou la saveur si particulière de la sauce moutarde, inutile de faire le tour de tous les marchés : les meilleures épiceries fines regorgent de spécialités de la région, de la bouteille de gin Brandstifter au boudin noir de Rixdorf. Les chocolateries et confiseries historiques feront, quant à elles, le bonheur des palais sucrés. Voici quelques valeurs sûres.

Rausch

Le paradis du chocolat. On vous aura prévenu !

Voir p. 34, quartier 2.

Lindner

Rendu célèbre par son beurre et son pain, ce traiteur fait des merveilles en matière de charcuterie.

Voir p. 103, quartier 9.

Berliner Kaffeerösterei

Thé, café et sucreries, à déguster sur place ou à emporter.

Voir p. 102, quartier 9.

Ökomarkt am Kollwitzplatz

Un petit marché 100 % bio pour rapporter des produits alimentaires issus de la région.

Voir p. 160, quartier 14.

KaDeWe

Au 6e étage de ce grand magasin, on n'a que l'embarras du choix : c'est LE temple de la gastronomie !

Voir p. 102, quartier 9.

Bonbonmacherei

Des sachets de bonbons particulièrement beaux et bons, à composer selon votre goût.

Voir p. 58, quartier 4.

KaDeWe

THÉÂTRE ET CINÉMA

Entre les scènes subventionnées et les troupes alternatives, le paysage théâtral berlinois est d'une richesse exceptionnelle. Si les chiffres divergent quant au nombre exact de salles, ces dernières offrent – tous genres confondus – près d'une centaine de spectacles chaque soir. Certes, le cinéma allemand n'a pas encore permis à Berlin de retrouver son rang de capitale européenne du septième art, mais il a tout de même à son actif quelques beaux succès.

Des théâtres de renom

Depuis le début du XXe s., l'originalité et la richesse de la scène berlinoise résident dans sa capacité à innover et à inventer de nouvelles formes d'expression artistique. Accentuée par la rivalité Est-Ouest qui fit de chaque partie de Berlin la vitrine du système qu'elle représentait, cette vitalité perdure.

Quatre grands théâtres occupent une place de choix dans le cœur des Berlinois et jouissent d'une réputation internationale : le **Deutsches Theater**, fondé en 1883 et dirigé de 1905 à 1933 par Max Reinhardt, qui y révolutionna la scénographie ; la **Volksbühne** (1915 – p. 56), où de 1924 à 1927 Erwin Piscator milita pour un théâtre prolétarien ; le **Berliner Ensemble**, fondé en 1949 par Bertolt Brecht et Helene Weigel ; et la **Schaubühne** (le seul situé à l'Ouest – p. 100), créée en 1970 par Peter Stein.

Marlene Dietrich

Deutsches Theater : *Schumannstrasse 13A* • *www.deutschestheater.de* • *28 44 12 25* • *Pour réserver : lun.-sam. 11h-18h30, dim. 15h-18h30.*

Berliner Ensemble : *Bertolt-Brecht-Platz 1* • *www.berliner-ensemble.de* • *28 40 81 55* • *Pour réserver : lun.-sam. 10h-18h30.*

La scène off

Berlin est sans doute la capitale européenne où la **culture alternative** est la plus importante et la plus dynamique. Née à l'Ouest dans la foulée du mouvement contestataire des années 1970, elle se caractérise par la recherche de nouvelles formes artistiques et se distingue de la scène officielle par son mode de financement (subventions inexistantes ou irrégulières) et par son fonctionnement (mobilité et programmation souvent discontinue).

Depuis la réunification, la scène off s'est déplacée vers l'est, notamment à **Mitte** et **Prenzlauer Berg**, où se trouvent (de moins en moins, il est vrai) espaces vacants et loyers abordables. Si certains théâtres sont devenus des institutions, la majorité survit au jour le jour, à l'image de **Kulturbrauerei** (p. 152) ou de **Dock 11** (p. 154).

La capitale du cinéma

Née en 1917 de l'unification des compagnies cinématographiques allemandes, l'UFA devient dans les années 1920 la première société de production de films d'Europe, rivalisant avec les studios hollywoodiens. Au même moment, dans ses studios de Babelsberg, sont tournés les chefs-d'œuvre du cinéma expressionniste allemand signés **Murnau** *(Nosferatu le vampire, Faust)*, **Pabst** *(La Rue sans joie)*, **Fritz Lang** *(Docteur Mabuse, Metropolis)* ou **Josef von Sternberg** *(L'Ange bleu)*. Berlin compte alors quelque 300 salles de cinéma.

Cet âge d'or est stoppé net par l'arrivée au pouvoir des nazis et par le départ à Hollywood de nombreux artistes et réalisateurs.

Un nouvel essor ?

Repris après-guerre par la RDA, les **studios de Babelsberg**, à Potsdam, sont rachetés et modernisés en 1992 par Vivendi Universal. C'est là que furent tournés *Stalingrad* de J.-J. Annaud et *Le Pianiste* de R. Polanski. Aujourd'hui, les studios accueillent des tournages de séries télé ainsi qu'une école de cinéma. Leurs tarifs compétitifs séduisent de plus en plus de réalisateurs étrangers, Quentin Tarantino *(Inglourious Basterds)* en tête.

Alors que les années 1970 et 1980 furent marquées par des réalisateurs tels **Herzog, Fassbinder, Schlöndorff ou Wenders,** la nouvelle génération peine un peu à s'imposer à l'international. Notons néanmoins trois gros succès du XXIe s., ayant de plus pour cadre la capitale allemande : *La Vie des autres* (F. Henckel von Donnersmarck), *Good Bye, Lenin !* (W. Becker) et *Oh Boy* (J.-Ole Gerster). ■

La Berlinale

Créé en 1951 par les Alliés occidentaux, le Festival international de cinéma de Berlin est devenu l'un des plus grands festivals du monde. Il se tient en février et sa récompense suprême est l'Ours d'or. Complété en 1971 du Forum international du jeune cinéma, il décerne depuis 1988 le Teddy Award, qui récompense un film abordant l'homosexualité. Depuis 1998, la Berlinale se déroule dans les salles de la Potsdamer Platz. **Voir p. 192.**

AUTOUR DE L'ALEXANDERPLATZ

5

Baptisée en 1805 en l'honneur du tsar Alexandre Ier, l'Alexanderplatz témoigne d'un passé tourmenté. Équivalent populaire de la Potsdamer Platz, l'« Alex » était au début du XXe s. le centre névralgique de Berlin. Détruite pendant la guerre, elle fut agrandie par le régime est-allemand qui érigea en son centre la tour de Télévision, devenue un emblème de la ville, au même titre que la porte de Brandebourg. Entre bâtiments remarquables et centres commerciaux, elle symbolise la métamorphose permanente de la ville et est un passage obligé, animé tout au long de la journée.

Alexanderplatz

1 Alexanderplatz++

Traversée par le tramway et le S-Bahn, ouverte à tous les vents, l'« Alex » est loin d'être la plus chaleureuse place de Berlin.

Terrain de jeu architectural du XXe s, elle vaut cependant le détour. Si les deux immeubles de bureaux conçus par Peter Behrens en 1932 témoignent d'une architecture fonctionnaliste réussie, il n'en est pas de même des tours de logements environnantes, construites dans les années 1960. Ornée d'une frise typique du réalisme socialiste, la **Maison de l'enseignant** tire son épingle du jeu (Haus des Lehrers, Alexanderstrasse 9).

Si vous n'êtes pas adepte des grandes enseignes commerciales, poursuivez au sud vers la fontaine de Neptune ou à l'est par la Karl-Marx-Allee.

2 Fernsehturm✦

Symbole du modernisme affiché par les autorités de Berlin-Est, la **tour de Télévision** (1969) domine l'Alexanderplatz et l'horizon berlinois de ses 368 m de haut. C'est kitsch et très touristique, mais la vue depuis la plate-forme panoramique est splendide.

Panorama Strasse 1 • www.tv-turm.de • T.l.j. 10h-22h • Résa conseillée avant le départ • Entrée : 20,50 €.

3 Marienkirche et Neptunbrunnen✦

Au pied de la tour de Télévision se dresse l'**église Sainte-Marie**, édifiée à la fin du XIVe s. Plus loin, la **fontaine de Neptune**, néobaroque, rafraîchit la place de ses murmures. Neptune s'y entoure d'allégories féminines représentant le Rhin, l'Elbe, la Vistule et l'Oder. Elle vous rappelle la fontaine des Quatre-Fleuves dessinée par le Bernin à Rome ? Vous avez raison !

Karl-Liebknecht-Strasse 8 • ✆24 75 95 10 • www.marienkirche-berlin.de • T.l.j., oct.-mars 10h-18h, avr.-sept. 10h-21h • Accès libre.

4 Rotes Rathaus✦✦

L'épithète « rouge » *(rotes)* qui caractérise l'hôtel de ville du XIXe s. n'est pas une survivance du Berlin-Est communiste. Cela dit, le lieu doit ce qualificatif tant à la couleur de ses briques qu'à la couleur politique des conseillers municipaux issus des quartiers populaires sous l'Empire. La salle des fêtes au 1er étage mérite le coup d'œil.

Rathausstrasse 15 • ✆90 26 20 32 • Lun.-ven. 9h-18h • Accès libre.

5 Nikolaiviertel✦

Pour le 750e anniversaire de Berlin en 1987, les autorités communistes restaurèrent le **quartier Saint-Nicolas.** Le résultat n'est pas toujours très convaincant, mais il n'est pas désagréable de

Pause mexicaine : Dolores

La ville regorge de restaurants mexicains : voici la version qualitative avec option « chic californien », qui ravit les Berlinois. Burritos, tacos, quesadillas ou salades, tous les classiques sont rassemblés, entre 5,50 € et 8 €. Poulet ou porc ? La sauce, vous la préférez piquante ? Plutôt riz vert, haricots ou légumes à fajita ? C'est vous qui décidez ; pas de plats haute couture, mais du sur-mesure coloré et rapide.

26 Plan I7 • *Rosa-Luxemburg-Strasse 7 • ✆28 09 95 97 • www.dolores-online.de • Lun.-dim. 11h30-22h.*

flâner dans ces ruelles bordées d'anciennes maisons reconstruites à l'identique.

Sur la Poststrasse se dressent deux beaux édifices baroques : la **Knoblauchhaus** (au n° 23), dont la façade fut remaniée dans le style néoclassique, et l'**Ephraim-Palais**, démoli en 1935 et reconstruit avec les pierres d'origine (n° 16).

Knoblauchhaus : *☎ 24 00 21 62 • www.knoblauchhaus.de • Mar.-dim. 10h-18h • Accès libre.*

Ephraim-Palais : *☎ 24 00 21 62 • www.stadtmuseum.de/ephraim-palais • réouv. prévue en 2022.*

6 Heinrich Zille Museum✦✦

Les Allemands sont très fiers de Heinrich Zille (1858-1929), caricaturiste qui croqua avec ironie et tendresse les petites gens qu'il observait dans les rues et les cafés. Il fut si populaire qu'on lui fit des funérailles nationales !

Propststrasse 11 • ☎ 24 63 25 00 • www.zillemuseum-berlin.de • T.l.j. 11h-18h • Entrée : 7 €.

7 DDR Museum✦✦

De très nombreux aspects de la vie quotidienne en ex-RDA

sont abordés dans ce musée à la scénographie interactive. Si des thématiques comme l'habitat, les transports, les loisirs ou le travail sont illustrées de façon concrète, l'histoire du régime socialiste, de son idéologie et de ses actions est trop rapidement exposée. Une visite plutôt ludique qu'exhaustive.

Karl-Liebknecht-Strasse 1 • ☎847 12 37 32 • www.ddr-museum.de • Lun.-ven. 9h-21h • Entrée : 10 € (résa possible en ligne).

Restos | Bars | Hôtels | Shopping | Activités

Restos Bistrots

Spreegold

Fast-food 27 Plan I7

Un fast-food tendance chic, avec cuisine ouverte au centre. Trois succursales se sont établies à Berlin. On vous confie un boîtier qui clignote dès que c'est *al dente* ! Tout est préparé devant vous : jus vitaminés, sandwichs créatifs et salades assaisonnées avec la vinaigrette Spreegold, pâtes fraîches maison, truffe servie au petit déjeuner, etc. Un peu d'attente aux heures de pointe.

Rosa Luxemburg Strasse 2 • U & S Alexanderplatz • www.spreegold.com • Lun.-jeu. 8h-22h, ven. 8h-minuit, sam.-dim. 9h-22h • Plat du jour : 9 € (lun.-ven. 12h-14h30); salade : 9,50-14 €; brunch : 18,50 €.

DDR Museum

Lebensmittel in Mitte

Allemand 28 Plan H6-7

Restaurant et épicerie fine, cette adresse offre à la fois des produits à emporter – charcuterie, moutarde, miel – et un service à midi et le soir. Budget au-dessus de la moyenne, parfait pour un dîner aux chandelles. Vous y découvrirez une cuisine bavaroise raffinée : filet de sandre aux légumes ou assiette de *Käsespätzle* (pâtes fraîches aux œufs, fromage et oignons frits).

Rochstrasse 2 • Ⓤ & Ⓢ Alexanderplatz • ☏ 27 59 61 30 • Mar.-sam. 12h-1h • Plat à la carte le soir : 20-35 €.

Bars, clubs Sorties

Kino International

Cinéma/bar 18 Plan I7

Au début de la Karl-Marx-Allee (anciennement Stalinallee), allant de l'Alexanderplatz au cœur de Friedrichshain, se dresse le Kino International. Rien de mieux qu'un verre à la buvette du 1er étage pour prendre le temps d'apprécier l'architecture socialiste : austère de l'extérieur, mais aux intérieurs décorés de bois et de tissus chaleureux. Vous pouvez découvrir le lieu sans assister à une séance de cinéma, venez en soirée ou dans l'après-midi. Le Kino International organise occasionnellement de grandes fêtes, voir le programme sur le site.

Karl-Marx-Allee 33 • Ⓤ Schillingstrasse • ☏ 24 75 60 11 • www.kino-international.com • Ouvre 30 min avt la première séance, vérifier sur le site • Verre de vin : 4-6 € • Billet : 7,50-10 €.

B-Flat

Club de jazz 19 Plan H7

Le B-Flat est un autre incontournable de la scène live. Ce petit mais chaleureux club de jazz a été créé en 1995 par deux frères musiciens d'origine grecque, Janis et Thanassis Zotos. Des trios venus de tous les horizons s'y relaient chaque soir pour vous bercer sur des rythmes modern jazz, groove et soul. Les prix sont honnêtes (compter environ 15 €), et l'entrée est gratuite le mercredi pour les jam-sessions. On peut grignoter et boire un verre sur des petites tables.

Dircksenstrasse 40 • Ⓤ Alexanderplatz • ☏ 283 31 23 • www.b-flat-berlin.de • Dim.-jeu. 20h-1h (mer. 1h30), ven.-sam. 20h30-1h.

Hôtels B&B

Motel One

Design Plan I7

Hôtel de plus de 200 chambres, idéalement situé le long de la ligne de S-Bahn. Son slogan : *Viel Design für wenig Geld!*

Manifestation folklorique dans Nikolaiviertel (p. 63)

Se repérer

Toutes les adresses sont positionnées sur les plans. Chacune est associée à une **pastille de couleur numérotée** :
- jaune pour les restaurants,
- violet pour les lieux de sortie,
- rose pour les boutiques.

Autrement dit : « Beaucoup de design pour pas cher. » Le petit déjeuner sous forme de buffet est composé de produits bio et issus du commerce équitable.

Dircksenstrasse 36 • U & S Alexanderplatz • ☎ 20 05 40 80 • www.motel-one.com • De 79 à 190 € • Petit déjeuner bio : 11,50 €.

Art'otel Mitte

Mélange des styles Plan I8

Cet hôtel est composé d'un palais rococo et d'un bâtiment contemporain, décoré d'œuvres du peintre Georg Baselitz. Petit déjeuner servi dans l'atrium.

Wallstrasse 70-73 • U Märkisches Museum • ☎ 24 06 20 • www.artotels.com • De 100 à 120 € • Petit déjeuner : 19,50 €.

Shopping Cadeaux

Humana

Vintage 12 Plan I7

Avec ses 1 300 m² et ses 25 000 pièces, cette boutique de seconde main a des allures d'hypermarché de la fripe (1-20 €). Gérée par une association caritative, l'enseigne se distingue en ne proposant que des produits dans un état impeccable et à prix très bas (y compris le vintage griffé). Autre atout des plus appréciables : tout est trié par époque, type et couleur ! D'autres adresses réparties à travers la ville (liste sur le site).

Alexanderstrasse 7 • U Alexanderplatz • ☎ 28 47 63 82 • www.humana-second-hand.de • Lun.-sam. 10h-20h.

Freitag

Sacs 13 Plan H6

La célèbre marque qui recycle bâches de camion, chambres à air de vélo et ceintures de sécurité pour en faire des sacs uniques n'est pas allemande, mais, suisse. Belle adresse berlinoise pour la singularité de sa mise en scène. Imaginez un mur de sacs sur 6 m et deux étages qui contiennent 1 600 pièces parfaitement ordonnées et, au sol, un trottoir, vestige d'une rue qui traversait une ancienne usine.

Max-Beer-Strasse 3 • U Weinmeisterstrasse • ☎ 24 63 69 61 • www.freitag.ch • Lun.-ven. 11h-19h, sam. 11h-18h • Sac : 155-360 €.

NOS MEILLEURES ADRESSES POUR ÉCOUTER DU JAZZ

Berlin n'est pas la ville des seuls clubs électro. Très appréciés des Berlinois, les clubs de jazz sont réputés pour leurs excellentes programmations où se côtoient artistes allemands et étrangers. Chaque année, en novembre, le festival Jazzfest Berlin (p. 194) y attire des amateurs du monde entier.

B-Flat

L'acoustique y est excellente, et le programme très varié. Près de l'Alex.

Voir p. 66, quartier 5.

Yorckschlösschen

Pour leurs petits concerts live, leur bière de quartier et leur jazz-brunch du dimanche.

Voir p. 117, quartier 11.

A-Trane

D'après le surnom de John Coltrane, de bonnes vibes et une ambiance intimiste.

Voir p. 100, quartier 9.

Quasimodo

À deux pas de la station Zoo, un club légendaire avec une affiche réputée.

Voir p. 100, quartier 9.

A-Trane

KULTURFORUM ET POTSDAMER PLATZ

6

Voici deux autres facettes de l'Ouest berlinois : d'un côté, le Kulturforum, un pôle culturel au parfum des années 1950 (conçu par l'architecte Hans Scharoun pour compenser la perte des musées situés à l'Est) et qui rassemble autour de lui musées et institutions de renom (Neue Nationalgalerie, Gemäldegalerie, Philharmonie, bibliothèque, etc.); de l'autre, la Potsdamer Platz, hérissée de buildings flambant neufs édifiés au lendemain de la réunification, à l'emplacement du gigantesque no man's land qui longeait le Mur. Baladez-vous de l'un à l'autre : c'est un concentré passionnant de musées dédiés, entre autres, à l'expressionnisme, aux arts décoratifs et au cinéma...

Le Kulturforum

1 Gemäldegalerie✦✦✦

Depuis 1998, la **pinacothèque de Berlin** réunit en un lieu unique les collections présentées à Dahlem et au Bode-Museum du temps de la partition. Le bâtiment, dessiné par Heinz Hilmer et Christoph Sattler, lui sert d'écrin pour retracer une belle histoire de la peinture européenne du XIIIe au XVIIIe s.

Primitifs allemands

À tout seigneur tout honneur, les grands maîtres de la peinture allemande rayonnent de tout leur talent. Parmi eux, Albrecht Dürer et sa *Madone au chardonneret*, mais aussi Lucas Cranach l'Ancien (salle III) avec *La Fontaine de jouvence*, une œuvre non dénuée d'humour où nous assistons, avec une précision diabolique, à la ruée vers une nouvelle jeunesse et les plaisirs qui y sont associés.

Écoles flamande et hollandaise

Du XIVe au XVIIe s., la peinture des Flandres et des Pays-Bas brille de mille feux avec de nombreux chefs-d'œuvre tel l'emblème du musée, l'émouvant et mystérieux *Portrait d'une jeune femme* de Petrus Christus (cabinet 4). Comment ne pas admirer la virtuosité de Vermeer dans le fameux tableau *La Dame au collier de perles* (cabinet 18) ? Quant à Rembrandt, représenté par une vingtaine de toiles, son *Moïse jetant les tables de la Loi* (1659, salle X) est tout à fait fascinant.

Peintures italiennes

Le musée peut s'enorgueillir de posséder une collection italienne d'une très grande richesse. De Giotto *(Dormition)* au Caravage *(L'Amour vainqueur)* en passant par Raphaël *(Terranuova Madonna)* et Titien *(Vénus et l'Organiste)*, les chefs-d'œuvre ne manquent pas.

Matthäikirchplatz • ☏266 42 42 42 • www.smb.museum • Mar.-ven. 10h-18h (jeu. 20h), sam.-dim. 11h-18h • Entrée : 10 € (16 € billet combiné avec le Kunstgewerbemuseum).

② Kunstgewerbe-museum⁺⁺

Musée des Arts décoratifs

Juste à côté de la Gemäldegalerie, il regorge lui aussi de trésors, de la Renaissance à l'Art déco. Vous aimez le baroque ? Jetez un coup d'œil sur la série de **verres rubis**, une couleur à laquelle on prêtait toutes sortes de vertus : puissance, éternelle jeunesse, etc. Vous préférez le

Potsdamer Platz

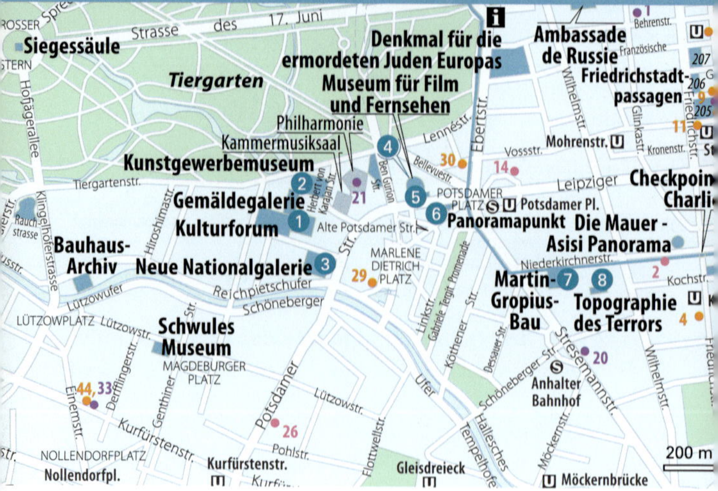

classicisme ? Le grand **cabinet en érable** de David Roentgen, truffé de tiroirs secrets, est un joyau de l'ébénisterie européenne. La section mode a droit à deux étages.

Matthäikirchplatz • ☎266 42 42 42 • www.smb.museum • Mar.-ven. 10h-18h, sam.-dim. 11h-18h • Entrée : 8 € (16 € le billet combiné avec la Gemäldegalerie).

3 Neue Nationalgalerie✦✦✦

Il y a au moins deux bonnes raisons de visiter la **Nouvelle Galerie nationale**, inaugurée en 1968 : 1) elle abrite une remarquable collection permanente d'art moderne et des expos temporaires souvent intéressantes ; 2) elle occupe un bâtiment signé Mies van der Rohe, qui a fait l'objet d'une importante rénovation entre 2015 et 2020. L'architecte qui s'en est chargé – David Chipperfield, lauréat du prestigieux prix Stirling – a su rester fidèle à l'esprit de la structure initiale, très épurée. Un régal !

Mies van der Rohe

D'une grande simplicité, le bâtiment dessiné par le directeur du Bauhaus de 1930 à 1933 (p. 82) est tout aussi étonnant que la collection qu'il abrite. Le rez-de-chaussée est un hall en verre dont le toit métallique n'est soutenu par aucun mur. C'est ici que sont présentées les expositions temporaires. Une partie de la collection permanente se trouve au sous-sol, fermé à l'ouest par un mur de verre qui donne sur le jardin de sculptures.

Expressionnisme

La section des expressionnistes allemands et étrangers est l'un des points forts du musée. On y découvre des œuvres d'Otto Dix, d'Oskar Kokoschka ou de Georg Grosz, de membres de Die Brücke tels Kirchner et Schmidt-Rottluff, mais aussi la superbe *Frise de la vie* réalisée par Edvard Munch pour le théâtre de Max Reinhardt à Berlin.

École allemande

Aux côtés de grands noms comme Picasso, Bacon ou Rothko, le musée accorde une place de choix aux artistes allemands. Des talents reconnus comme Rebecca Horn, Anselm Kiefer ou Gerhard Richter voisinent ainsi avec de jeunes artistes tels Neo Rauch et Frank Thiel.

Potsdamer Strasse 50 • ☎266 42 42 42 • www.smb.museum • Mar.-ven. 10h-18h, jeu. 10h-20h, sam.-dim. 11h-18h • Entrée : 14 €.

Neue Nationalgalerie

4 Sony Center✦✦

Coiffé d'une impressionnante coupole de verre ajourée, le siège européen de Sony est une immense tour réalisée par Helmut Jahn. Inauguré en 2000, il abrite

Pause légère : Weilands Wellfood

Idéal pour déjeuner au bord de l'eau à moins de 10 €, ce self propose des petits plats basses calories riches en vitamines. Très beau choix de salades, qui change tous les jours : dinde, noix, raifort et fromage blanc ; poulet, lime (citron vert) et coriandre ; saumon fumé et petits oignons rouges. Produits hyperfrais et fournisseurs triés sur le volet !

29 Plan D3 • *Atrium Tower, Eichhornstrasse 3 • ☎25 89 97 17 • www.weilands-wellfood.de • Lun.-sam. 8h-20h en été, lun.-ven. 8h-20h et sam. 8h-18h en hiver • Salade et bowl : de 6 à 12 €.*

bureaux, cinémas, restaurants et commerces. À l'extrémité de l'Alte Potsdamer Strasse, vous pourrez admirer un splendide « bateau » de verre dessiné par Renzo Piano et Christoph Kohlbecker.

Potsdamer Platz • www.sonycenter.de

5 Museum für Film und Fernsehen✦

Musée du Cinéma et de la Télévision

Ce petit musée retrace l'histoire du cinéma allemand à travers un parcours fort bien mis en scène, riche de nombreux documents d'archives. Les grands réalisateurs d'avant-guerre y occupent une place de choix, mais les années noires du nazisme et de l'après-guerre ne sont pas ignorées.

Potsdamer Strasse 2 • ☎300 90 30 • www.deutsche-kinemathek.de • Mer.-lun. 10h-18h (20h jeu.) • Entrée : 9 €.

6 Panoramapunkt✦✦✦

L'ascenseur du building **Daimler Chrysler** vous catapulte en 20 secondes au 24e étage, qui offre une vue incroyable sur Berlin. Une occasion rêvée de contempler le travail des architectes célèbres de la Potsdamer Platz : Piano/Kohlbecker, Richard Rogers, José Rafael Moneo, etc.

Accès : Potsdamer Platz 1 • ☎25 93 70 80 • www.panoramapunkt.de • Entrée : 7,50 €.

Plate-forme : *T.l.j. 11h-18h.*

Café : *T.l.j. 12h-17h.*

7 Martin-Gropius-Bau✦✦

Construit à la fin du XIXe s. par le grand-père de Walter Gropius (fondateur du Bauhaus, école d'architecture et d'arts appliqués), l'ancien musée des Arts appliqués évoque un imposant palais Renaissance. Restauré dans les années 1970, puis en 1999, il ne conserve pas de collection mais présente un programme riche et varié d'expositions temporaires.

Artistes contemporains

Au rez-de-chaussée, une large cour au plafond vitré fait souvent place à de monumentales installations, comme celles de l'artiste indien Anish Kapoor ou du Chinois Ai Weiwei. Aux étages, des salles réparties autour d'un foyer central accueillent des expositions monographiques dédiées à des peintres, des photographes, des architectes ou des cinéastes.

Cultures du monde

Des expositions thématiques, comme l'art maya, iroquois ou d'Océanie, explorent régulièrement des champs culturels méconnus. Le Martin-Gropius-Bau fait le pari de la curiosité et s'engage résolument pour le croisement des genres et des époques au sein d'une même institution.

Niederkirchnerstrasse 7 • ☎25 48 60 • www.gropiusbau.de • Mer.-lun. 10h-18h • Entrée : 15 €.

8 Topographie des Terrors✦✦

Il est des lieux de sinistre mémoire qu'il faut découvrir pour appréhender la réalité historique. Entre la Wilhelmstrasse et la Niederkirchnerstrasse se trouvaient les plus redoutables institutions du IIIe Reich : la Gestapo, les SS et la Sécurité du Reich. Des panneaux en plein air présentent l'histoire du quartier, tandis qu'un centre d'information très complet retrace la planification et l'exécution des crimes nazis.

Une maquette, à l'entrée du centre, replace les anciennes institutions nazies dans les rues alentour. Tout a été rasé, mais le site actuel est bordé du segment de 200 m de l'ancien Mur. Un autre pan de l'Histoire.

Topographie des Terrors

Niederkirchnerstrasse 8 • ☎25 45 09 50 • www.topographie.de • T.l.j. 10h-20h • Accès libre.

Restos | Bars | Hôtels | Shopping | Activités

Restos Bistrots

Vapiano

Fast-food 30 Plan D3

Cette chaîne allemande a eu l'excellente idée d'ouvrir un fast-good – restauration rapide mais plutôt bonne – à Potsdamer Platz. Du coup, on peut déjeuner près du Sony Center (p. 73) d'une salade César ou de pâtes au salami, roquette et ricotta (8 €). Tout y est frais et préparé devant vous. La carte magnétique à l'entrée sert de sésame.

Potsdamer Platz 5 • U & S Potsdamer Platz • ☎23 00 50 05 • www.vapiano.com • Dim.-jeu. 11h30-21h, ven.-sam. 11h30-22h • Salade César : 8 €.

Bars, clubs Sorties

Solar

Bar/club

20 Plan D3

Suivez les indications du portier en bas de l'immeuble et montez dans l'ascenseur pour atteindre le dernier étage vitré. Une fois en haut, vous pourrez profiter du soleil couchant, en hiver comme en été, avec une vue imprenable sur les immeubles de la Potsdamer Platz et bien au-delà. Ambiance lounge, sombre et chic. Solar est un « sky-bar », mais aussi un « sky-restaurant », attention cependant aux prix (menu quatre plats : 75 €).

Stresemannstrasse 76 • Ⓢ Anhalter Bahnhof • ✆0163 765 27 00 • www.solarberlin.com • Mer.-sam. 18h-1h • Cocktail : 10-14 €.

Philharmonie und Kammermusiksaal

Orchestre

21 Plan D3

La Philharmonie surprend tant par son architecture que par son acoustique exceptionnelle. Elle est le siège de l'excellent Orchestre philharmonique de Berlin, dirigé par Kirill Petrenko. La Kammermusiksaal, plus petite, est le lieu incontournable pour les amateurs de musique de chambre. Programmation riche et variée.

Herbert-von-Karajan-Strasse 1 • Ⓤ & Ⓢ Potsdamer Platz • ✆25 48 80 • www.berliner-philharmoniker.de • Billet (9-290 €) : lun.-ven. 9h-16h.

Shopping Cadeaux

Falke

Chaussettes

14 Plan D3

Il y a, au beau milieu des montagnes du Sauerland, dans la petite ville de Schmallenberg, une entreprise textile qui confectionne (entre autres) des chaussettes : Falke. Toutes sortes de chaussettes : chics, décontractées, antidérapantes, rayées, unies, de sport, etc. Comme le magasin du Mall of Berlin est le plus beau de tous ses points de vente, poussez la porte de Falke : cela vaut vraiment le coup d'œil, et les jolies paires de Sensitiv en coton ne coûtent que 12 € !

Leipziger Platz 12-13 (au rez-de-chaussée du Mall of Berlin) • Ⓢ & Ⓤ Potsdamer Platz • ✆20 64 79 95 • www.falke.com • Lun.-sam. 10h-20h.

LES PLUS BEAUX ROOFTOPS

Prendre de la hauteur est souvent l'un des meilleurs moyens de découvrir une ville. Voici nos adresses préférées pour admirer la *skyline* berlinoise.

Solar

Pour profiter de la vue sur la Potsdamer Platz, quelle que soit la température extérieure.

Voir p. 76, quartier 6.

Monkey Bar

Au dernier étage du 25hours Hotel, l'adresse la plus trendy du moment à Charlottenburg.

Voir p. 99, quartier 9.

One Lounge

Un tout nouveau bar d'hôtel pour tutoyer le ciel. Sage et reposant.

Voir p. 99, quartier 9.

Klunkerkranich

L'un de ces lieux insolites qui font le charme exceptionnel de Berlin.

Voir p. 176, quartier 16.

Klunkerkranich

ARCHITECTURE ET MODERNITÉ

Même si de nombreuses grues se dressent encore dans la ville, Berlin n'est plus l'immense chantier à ciel ouvert qu'il fut pendant les 15 ans qui suivirent la chute du Mur. Par une incroyable mutation de son paysage urbain, la ville s'est métamorphosée. Loin des destructions de la Seconde Guerre mondiale et des no man's land de la guerre froide, Berlin surprend désormais par son architecture résolument tournée vers l'avenir.

Potsdamer Platz

S'il est un quartier emblématique de la métamorphose berlinoise, c'est bien cette place légendaire où s'éleva longtemps le chantier le plus vaste et le plus ambitieux d'Europe. À deux pas du **Kulturforum** (p. 70) se dresse désormais un quartier ultramoderne de près de 500 000 m², un centre-ville à part entière où se mêlent complexes hôteliers, immeubles de bureaux, centres commerciaux et équipements culturels. Pour ce **projet titanesque**, coordonné par les architectes **Hilmer & Sattler**, des maîtres d'œuvre aussi réputés que **Renzo Piano** ont signé des réalisations parfois très audacieuses.

Le nouveau Ku'damm

Totalement reconstruit après-guerre, le Kurfürstendamm (p. 94), ou Ku'damm, fait pour la seconde fois depuis la guerre assaut de modernité. À proximité de l'**Europa-Center**, érigé dans les années 1960, de nombreux bâtiments ultramodernes voient le jour depuis le début des années 2000. Parmi les grands magasins de la **Tauentzienstrasse**, les façades insolites de **Salamander Haus** et de **Peek & Cloppenburg** donnent le ton. Sur le Ku'damm lui-même, on peut admirer d'immenses complexes à vocation commerciale dessinés par des architectes réputés.

Prestige et pouvoir

Berlin étant redevenu capitale, un autre grand chantier s'est ouvert pour accueillir les institutions fédérales et régionales de l'Allemagne. Entre le Tiergarten et la Spree, les **bâtiments du Ruban fédéral** (Band des Bundes, p. 22) composent le quartier gouvernemental, qui se déploie autour du **Reichstag** rénové. Le **ministère de l'Intérieur** (Alt-Moabit 98-101 – C2), le **ministère des Affaires étrangères** (Werderscher Markt – H7-8) ou encore la représentation du Land du Bade-Wurtemberg

Potsdamer Platz

(Tiergartenstrasse 15 – D3) figurent parmi les nouveaux édifices dignes d'intérêt. Si **l'ambassade de France** et celle **de Grande-Bretagne** ont fait peau neuve autour de la Pariser Platz, un nouveau quartier diplomatique a vu le jour à la lisière du Tiergarten. Ainsi, les **ambassades d'Autriche**, du **Japon** et d'**Inde** voisinent sur Tiergartenstrasse, non loin des représentations nordiques et mexicaine (p. 81). Certains pays, cependant, choisissent de s'implanter dans d'autres quartiers : c'est le cas des Pays-Bas, dans un très beau bâtiment dessiné par Rem Koolhaas (Klosterstrasse 50 – I8).

Des chantiers pharaoniques

Si vous empruntez le métro aérien, vous pourrez admirer, entre la Spree et Invalidenstrasse, un long serpent de verre. Il recouvre la **Hauptbahnhof** (gare centrale). Pour compléter ce nouvel axe de circulation, moins visible mais tout aussi titanesque, un tunnel a été creusé sous la Spree pour permettre aux trains, aux trams M41 et M85, mais aussi aux voitures de traverser Berlin. Enfin, en plein centre de la ville, on a posé en 2020 la dernière pierre du nouveau et colossal **Berliner Schloss** (p. 38). ■

Étranges tuyaux

Souvent bleus ou roses, de larges tuyaux serpentent en suspension sur les trottoirs berlinois et interpellent les touristes. Placés à proximité des chantiers, ils servent en fait à évacuer l'eau qui, à cause de la nature du sol, a tendance à s'engouffrer au moindre coup de pelleteuse.

TIERGARTEN, LE POUMON VERT

7

D'une superficie de plus de 200 ha, le plus grand parc de Berlin s'étend sur 3 km de long et 1 km de large. Il est traversé d'est en ouest par la Strasse des 17. Juni, baptisée ainsi en l'honneur du soulèvement populaire de Berlin-Est en 1953, et dominé par l'ange doré de la Siegessäule. Ravagé pendant la guerre, le quartier a retrouvé son rôle politique et diplomatique depuis la réunification, et la nature a repris ses droits. Il constitue un véritable poumon vert au cœur de la capitale.

Siegessäule

1 Grosser Tiergarten✦✦

Parc Tiergarten

L'ancienne réserve de chasse des princes de Brandebourg, transformée en parc d'agrément sous Frédéric II, fait aujourd'hui la joie des joggers et des cyclistes. Des kilomètres de sentiers vous y attendent, mais aussi de nombreuses clairières, idéales pour bronzer ou pique-niquer. La partie sud est la plus charmeuse avec son chapelet de **lacs** (Neuer See) et ses petits recoins romantiques (le pont Löwenbrücke près de la Fasanenallee).

Au nord-ouest se trouvent le **château de Bellevue**, où vit le président fédéral, et un quartier résidentiel très intéressant, le **Hansaviertel**, reconstruit en 1957 par de grands architectes modernistes : Le Corbusier, Walter Gropius, Alvar Aalto et Oscar Niemeyer. Emportez une bouteille d'eau !

❷ Haus der Kulturen der Welt✦✦

Maison des cultures du monde

Ce bâtiment, souvent associé par les Berlinois à une huître ouverte, fut offert en cadeau à la Ville par le gouvernement américain en 1957 en tant que palais des congrès. La Maison des cultures du monde s'y installa en 1989 avec la vocation d'être un forum international d'échanges culturels. Expositions d'art, colloques, concerts, et festivals de théâtre et de danse sont ainsi organisés tout au long de l'année, avec des artistes venus du monde entier.

John-Foster-Dulles-Allee 10 • ✆39 78 70 • www.hkw.de • Mer.-lun. 12h-20h.

❸ Siegessäule✦

Au cœur du parc, cinq larges avenues convergent vers un rond-point en forme d'étoile, *der Grosse Stern*. Au centre se dresse la **colonne de la Victoire** (Siegessäule). Érigée pour célébrer la victoire de la Prusse sur le Danemark en 1864, elle se dressait à l'origine devant le Reichstag. En 1938, elle fut déplacée dans le cadre du projet Germania – faire de Berlin la capitale du monde – rêvé par Hitler et son architecte Albert Speer. Haute de 69 m, elle offre une vue superbe sur la ville.

✆391 29 61 • Avr.-oct. : lun.-ven. 9h30-18h30, sam.-dim. 9h30-19h ; nov.-mars : t.l.j. 9h30-17h30 • Entrée : 3 €.

❹ Nordische Botschaften✦✦

Ambassades nordiques

Les amateurs d'architecture moderne seront comblés par les ambassades au sud du Tiergarten. La plus intéressante est sans nul doute celle des pays nordiques. Derrière une façade ondulée de cuivre vert, chaque ambassade est disposée, selon sa situation géographique, autour d'une place intérieure, de la

Pause biergarten : Café am Neuen See

Ce café est l'endroit tout indiqué pour se sustenter après avoir arpenté les allées du parc ou canoté sur le paisible lac Neuer See. Au menu, salades, pâtes, pizzas (à partir de 9 €) et quelques gourmandises toutes germaniques. Dès les premiers beaux jours, faites comme les Berlinois et venez savourer une bière bien fraîche (4,50 €) dans le *biergarten*.

31 Plan C3 • *Lichtensteinallee 2 • ✆25 44 930 • www.cafeamneuensee.de • T.l.j. à partir de 9h (jusqu'à minuit par beau temps) • Biergarten : t.l.j. à partir de 11h.*

« maison commune » *(Felleshus)* et d'un bassin représentant la Baltique. Tout près de là, l'ambassade du Mexique (Klingelhöferstrasse) mérite également le coup d'œil.

Rauchstrasse 1 • www.nordische botschaften.org • Lun.-ven. 10h-19h, sam.-dim. 11h-16h • Restaurant : lun.-ven. 13h-15h • Accès libre • Mini-café au 1er étage de la Felleshus : t.l.j. 8h30-16h30.

5 Bauhaus-Archiv⁺⁺

Ce musée, construit d'après des plans de Walter Gropius en 1971, conserve les **archives du Bauhaus,** organise des expositions et abrite une bibliothèque (lun.-ven. 9h-13h). Fondée en 1919 à Weimar par Gropius, l'école d'architecture et d'arts appliqués, où enseignèrent notamment Mies van der Rohe et Kandinsky, fut transférée à Dessau en 1925, puis à Berlin en 1932, avant d'être fermée par les nazis un an plus tard. Depuis le centenaire du Bauhaus, en 2019, le musée fait peau neuve. Pendant la durée des travaux, une partie de ses collections est exposée à Charlottenburg.

Klingelhöferstrasse 14 • 254 00 20 • www.bauhaus.de • Fermé pour travaux
Temporary Bauhaus-Archiv : ***Knesebeckstrasse 1-2, Charlottenburg ; lun.-sam. 10h-18h, f. j.f. • Accès libre.***

6 Zoologischer Garten+++

Aménagé dans le prolongement du Tiergarten, le **zoo de Berlin** est le plus ancien d'Allemagne. Inauguré en 1844 dans la ménagerie royale, il s'étend sur 35 ha d'espaces verts de part et d'autre du Landwehrkanal. Ses 20000 animaux jouissent d'un véritable îlot de tranquillité à deux pas du Kurfürstendamm. Inscrivez-le à votre programme, même si aucun enfant ne vous accompagne !

Le repas des fauves ou des crocodiles, les évolutions des otaries ou des pingouins sont très populaires. Les Berlinois suivent l'évolution du gorille femelle Fatou, arrivé dans les valises d'un marin marseillais et qui a fêté ses 63 ans en avril 2021.

Parc paysager

Dessiné par Peter Joseph Lenné, le **Jardin zoologique** permet de se promener d'allée en passerelle, de massif en fontaine, comme dans le parc d'un château. Les deux entrées principales, monumentales, sont ornées d'animaux sculptés : porte des Lions sur la Hardenbergplatz, porte des Éléphants sur la Budapester Strasse. L'architecture des pavillons s'inspire de codes stylistiques d'Afrique et d'Asie.

Aquarium

Construit en 1913, comme en témoigne sa très belle décoration hélas un peu fanée, c'est l'un des plus importants aquariums d'Europe. On peut y découvrir aussi bien d'élégantes méduses que de fascinants requins. De grands bassins vitrés placés à la hauteur des enfants leur permettent de ne pas perdre une miette du spectacle.

Zoo : *Hardenbergplatz 10-12 • www.zoo-berlin.de • ☎ 25 40 10 • Ouv. t.l.j. horaires variables, rens. sur le site dans la rubrique « Besuch planen », onglet « Öffnungszeiten » (1er avr.-30 sept. : t.l.j. 9h-18h30).*

Aquarium : *Budapester Strasse 32 • T.l.j. 9h-18h (dernière entrée 1h avt fermeture) • www.aquarium-berlin.de • Entrée : 16 € (zoo ou aquarium); 23 € (zoo + aquarium).*

Restos | Bars | Hôtels | Shopping | Activités

Restos Bistrots

Arminius Markthalle

Food court 32 Plan C2

Ces halles datant de la fin du XXe s. ont été rénovées et abritent depuis 2010 un grand nombre de commerces de bouche. Le marché couvert tout en verre, briques et ferronnerie constitue une halte idéale pour boire un verre ou manger sur le pouce. Les spécialités berlinoises *(Curry Wurst)* côtoient les saveurs transalpines, vietnamiennes, les *fish & chips* et autres dépaysements gustatifs grecs, marocains, australiens, etc.

Arminiusstrasse 2-4 • U Turmstrasse • www.arminiusmarkthalle.com • Commerces : lun.-ven. 8h-20h, sam. 8h-18h; cuisine : lun.-sam. 8h-22h.

Konditorei Buchwald

Café 33 Plan C2

À l'extrémité du Tiergarten, loin de l'agitation du centre-ville, voici un endroit bien agréable pour prendre un café et manger un gâteau (à partir de 3 €) en compagnie des oiseaux. Situé à l'angle de Holsteiner Ufer, à deux pas de la Spree, ce café est parfaitement paisible, tout comme le quartier qui l'entoure. On peut aussi juste s'arrêter prendre une glace à déguster en chemin.

Bartningallee 29 • S Bellevue • 391 59 31 • www.konditorei-buchwald.de • T.l.j. 11h-19h.

Hôtels B&B

Abion Spreebogen Waterside

Moderne Plan C2

Aménagé dans d'anciennes laiteries, sur les bords de la Spree. Dessiné par Wolfgang Borchardt, c'est un édifice moderne et coloré. Chambres spacieuses.

Alt Moabit 99 • U Turmstrasse ou S Belleville • 39 92 00 • www.ameronhotels.com • De 95 à 140 € • Petit déjeuner : 19 €.

Shopping Cadeaux

Flohmarkt am Tiergarten

Marché aux puces 15 Plan C2

Certes, le marché aux puces le plus célèbre de la ville est aussi le plus touristique et le plus cher. Logique, il est installé dans le Tiergarten, et on y trouve de tout : argenterie, porcelaines, vêtements, livres, tableaux, disques et gadgets les plus divers. En fouillant bien, vous dénicherez peut-être quelques cartes postales, gravures et livres anciens, souvenirs d'un Berlin disparu.

Strasse des 17. Juni • S Tiergarten • www.berlinertroedelmarkt.com • 26 55 00 96 • Sam.-dim. 10h-17h.

NOS MEILLEURS SPOTS LES PIEDS DANS L'EAU

Sur les berges des lacs, de la Spree et du Landwehrkanal, les Berlinois ont le don d'aménager de sympathiques « bars de plage » *(Strandbars)* et terrasses chill out. Certains ont vraiment un charme particulier. Voici nos préférés. À consommer sans modération, dès les beaux jours.

Freischwimmer

Café am Neuen See

Au bord d'un lac du Tiergarten, un cadre sympa pour une bière fraîche au cœur de l'été.

Voir p. 81, quartier 7.

Bootshaus Stella

Pour sa terrasse sur pilotis et ses jolies vues sur le Lietzensee.

Voir p. 92, quartier 8.

Freischwimmer

Pour la magie de ses pontons au soleil couchant. Une adresse incontournable en été.

Voir p. 128, quartier 12.

Radialsystem V

Le bar de ce centre culturel a le goût des vacances. Parasol ou transat ?

Voir p. 144, quartier 13.

ENTRE VILLE ET CAMPAGNE

Vu du ciel, Berlin apparaît comme un îlot entouré de lacs et de forêts. Cette impression quelque peu déconcertante pour une capitale occidentale se renforce quand on découvre que la ville elle-même est traversée par la Spree et le Landwehrkanal, qu'elle est parsemée de parcs et de squares, et que nombre de ses avenues sont bordées d'arbres. Pas un quartier qui n'ait son oasis de verdure où, aux beaux jours, il fait bon prendre le frais.

Vue sur le lac de Wannsee

Une forêt au cœur de la ville

Sous de grands arbres s'étendent les allées sinueuses, les vertes pelouses, les jardins fleuris et les petits lacs du **Tiergarten**, le « jardin aux animaux ». Au cœur de la ville, cette vaste forêt, aménagée en parc d'agrément au XIXe s., servait autrefois de réserve de chasse aux princes électeurs (p. 80). Ravagé par les bombardements, privé de ses derniers arbres et transformé en potager par les Berlinois, qui mouraient de froid et de faim, le parc fut replanté et redessiné après-guerre. Il est ainsi redevenu le parc préféré des habitants, qui aiment y flâner dès les premiers beaux jours.

L'Est au vert

Si l'ouest de la ville ne manque pas de parcs municipaux, notamment l'agréable **Viktoriapark** de **Kreuzberg** (p. 114), c'est à l'est qu'ils sont les plus nombreux puisqu'on en dénombre une quinzaine. Aménagé par le célèbre Lenné et par Gustav Meyer, un de ses élèves, le **Volkspark Friedrichshain** (p. 138) devait être l'équivalent du Tiergarten pour les quartiers populaires de l'est de Berlin. Après-guerre, deux collines artificielles y ont été élevées et plantées d'arbres. Plus au sud, au bord de la Spree, le **Treptower Park** (p. 124) fut créé une vingtaine d'années après le précédent.

Entre lacs et rivières

Berlin présente aussi l'avantage d'être à proximité de deux grands lacs, facilement accessibles et propices à la baignade. À l'ouest, au bord de la **forêt de Grunewald**, le **lac de Wannsee** (Ⓢ 1 ou 7 Nikolassee) est réputé pour sa longue plage de sable fin, fort prisée des Berlinois en été.

Au milieu du lac, l'**île aux Paons** (Pfaueninsel) est un site enchanteur qui abrite le **châtelet**, une « ruine » édifiée à la fin du XVIIIe s. par Frédéric-Guillaume II et dotée d'un parc à l'anglaise dessiné par Lenné. À l'est, le **lac de Müggelsee** (Ⓢ 3 Rahnsdorf) est situé au milieu d'une vaste forêt que domine le **Müggelberg,** la plus haute colline de Berlin (115 m d'altitude). À son sommet se dresse la **Müggelturm,** qui offre un splendide panorama.

La forêt de Grunewald

Bordée à l'ouest par la Havel, et à l'est par de ravissants petits lacs, cette vaste forêt est entourée d'élégants quartiers résidentiels tels **Dahlem** (p. 165) et **Zehlendorf.** Traversée de longues allées ombragées, elle offre un cadre idyllique pour se promener à pied, à bicyclette ou à cheval.

Au nord-ouest, au sommet du **Karlsberg,** se dresse la **Grunewaldturm,** une tour de brique rouge de style néogothique érigée en 1897 à la mémoire de l'empereur Guillaume Ier. Après avoir gravi 250 marches, on accède à une terrasse qui permet d'admirer la Havel jusqu'à Potsdam. Au cœur de la forêt, au sud-est du lac de Grunewald, s'élève l'ancien pavillon de chasse de l'Électeur Joachim II (p. 167). ■

Au fil de l'eau

Très agréables au printemps et en été, plusieurs croisières empruntent la Spree et le Landwehrkanal pour une visite du centre de Berlin.

En partant de l'embarcadère du Märkisches Ufer (18), on découvre ainsi l'île des Musées (Museumsinsel) avant de se diriger vers le Reichstag, le Band des Bundes (« Ruban fédéral ») et le Tiergarten. La promenade se poursuit par le Landwehrkanal et longe le Jardin zoologique, le Forum de la culture et la Potsdamer Platz, avant de traverser Kreuzberg et de rejoindre la Spree à l'Oberbaumbrücke.

D'autres balades plus longues permettent d'emprunter la Spree, puis la Havel pour se rendre à Spandau, Grunewald, Wannsee et Potsdam. Vers l'est, la Spree permet d'aller à Treptow, Köpenick et au Müggelsee (Plan HP par F3-4).

CHARLOTTENBURG, AUTOUR DU CHÂTEAU 8

Incorporé à Berlin en 1920, l'élégant faubourg de Charlottenburg doit son nom à l'ancienne résidence d'été des rois de Prusse. Bordé à l'ouest par le majestueux château des Hohenzollern, ce quartier résidentiel qui s'étend jusqu'au Tiergarten regroupe plusieurs musées et collections de renom. Malgré les destructions de la guerre, Charlottenburg conserve de beaux édifices du XIXe et du début du XXe s., notamment le long de la Schlossstrasse, promenade arborée reliant sur près d'un kilomètre la Sophie-Charlotte-Platz à l'entrée du château.

Schloss Charlottenburg

1 Schloss Charlottenburg✦✦✦

Château de Charlottenburg

À la fin du XVIIe s., le futur Frédéric Ier offre à son épouse Sophie-Charlotte un palais. Baptisé Charlottenburg, ce château baroque fut agrandi et embelli par Frédéric II au siècle suivant, avant d'être bombardé en 1943, puis reconstruit après-guerre. Née de l'imagination d'artistes talentueux, l'ancienne résidence d'été des rois de Prusse recèle de somptueux appartements et de nombreux trésors.

Château rococo

Dessiné par Nering en 1695, le pavillon central fut coiffé d'une coupole majestueuse par Eosander von Göthe en 1713, auteur également de l'orangerie et de la cour d'honneur. Placée au centre de cette dernière, la statue équestre en bronze du Grand Électeur est l'œuvre d'Andreas Schlüter.

Ajoutée entre 1740 et 1747 par Georg von Knobelsdorff, la Neuer Flügel Nouvelle Aile) s'étend à droite de la cour d'honneur.

Un cadre fastueux

Décoré de damas et de miroirs, de stucs et d'or, le château fut l'écrin des appartements de Frédéric Ier et de Sophie-Charlotte ainsi que de Frédéric II. De salle en salle, on découvre notamment les somptueux services de porcelaine et l'argenterie des rois, mis en scène comme si vous étiez convié au banquet. Au 1er étage de la Neuer Flügel, la salle des fêtes, longue de 42 m, est éblouissante.

Spandauer Damm 10-22 • ✆ 033 19 69 42 00 • www.spsg.de • Altes Schloss, Neuer Flügel, Neuer Pavillon, Mausoleum : mar.-dim. 10h-16h30 (17h30 été) • Entrée : 12 € (château seulement); 17 € (forfait « Charlottenburg + »).

2 Schlossgarten✦✦

Le parc du château de Charlottenburg est très apprécié des Berlinois, en toute saison (quand il neige, les enfants viennent y faire de la luge!). C'est Siméon Godeau, un élève du célèbre jardinier de Versailles André Le Nôtre, qui l'a dessiné en 1697. Transformé en parc à l'anglaise par Lenné au XIXe s., il a retrouvé en partie, après-guerre, son style français. Il est agrémenté d'un plan d'eau et de plusieurs édifices.

Construit par Langhans, le charmant **belvédère** qui abrite une collection de porcelaines offre un joli point de vue sur la

Schloss Charlottenburg

Spree. Bâti à la manière d'un petit temple dorique, le **mausolée** renferme quant à lui plusieurs sarcophages royaux, dont celui de la reine Louise, première épouse de Frédéric-Guillaume III ; enfin, juste à côté de la Nouvelle Aile, se dresse le nouveau **pavillon** édifié par Schinkel sur le modèle d'une villa napolitaine : vous y verrez une remarquable collection de peintures du XIXe s. signées Caspar David Friedrich, Eduard Gaertner, Carl Blechen, etc.

Spandauer Damm 10-22* • *☎ 32 09 10.

Parc : ***T.l.j. du lever au coucher du soleil (accès libre).***

Mausolée et belvédère : ***F. temporairement (entrée payante).***

3 Museum Berggruen**

Né à Berlin en 1914, Heinz Berggruen émigra aux États-Unis en 1936 avant de s'installer à Paris. Marchand d'art et ami de Picasso, il réunit une riche collection d'art moderne qu'il confia à sa ville natale en 1996. Cette collection possède plus de 160 œuvres signées Picasso, Matisse, Braque, Giacometti et Laurens. Parmi les quelque 90 toiles et sculptures de Picasso, les portraits cubistes et surréalistes sont de purs chefs-d'œuvre (*Dora Maar aux ongles verts*). La collection compte également plus d'une cinquantaine d'œuvres de Paul Klee : un vrai régal !

Schlossstrasse 1 • ☎266 42 42 42 • www.smb.museum • Mar.-dim. 10h-18h • Entrée : 12 € (billet combiné visite de la collection Scharf-Gerstenberg).

4 Bröhan-Museum✦✦

Dans un bâtiment néoclassique à côté du Museum Berggruen, ce musée doit son existence à la passion de Karl Bröhan pour l'Art nouveau et l'Art déco. Il réunit des objets, des meubles et des peintures provenant de toute l'Europe. La France y est bien représentée par Gallé, Guimard et Majorelle. On peut aussi y admirer des tableaux de Walter Leistikow (1865-1908) et une collection de porcelaines de Sèvres, de Berlin et du Danemark.

Schlossstrasse 1A • ☎32 69 06 00 • www.broehan-museum.de • Mar.-dim. 10h-18h • Entrée : 8 €.

Villa Oppenheim

5 Villa Oppenheim✦

Bordée de quelques demeures néoclassiques, la Schlossstrasse permet d'imaginer à quoi ressemblaient les quartiers résidentiels du Berlin d'avant-guerre. Au nº 55, au bout d'Otto-Grüneberg-Weg, la Villa Oppenheim abrite des rencontres culturelles et des expositions d'art contemporain.

Schlossstrasse 55 • ☎90 29 24 106 • www.villa-oppenheim-berlin.de • Mar.-ven. 10h-17h, sam.-dim. 11h-17h • Accès libre.

Pause houblonnée : Brauhaus Lemke

Une halte pour reprendre des forces et repartir bon pied bon œil ? Située juste à côté du château, cette brasserie dotée d'une grande terrasse est un lieu fort agréable qui propose des plats copieux à des prix raisonnables. Et, qui sait, après avoir admiré les belles cuves en cuivre, peut-être ne pourrez-vous pas résister au plaisir de goûter la bière maison (5,50 € pour 50 cl de bière Lemke Original) ? *Eisbein* (« jarret de porc ») : 15 €.

34 Plan B2 • ***Luisenplatz 1 • ☎30 87 89 79 • www.brauhaus-lemke.com • Lun. 17h-21h, mar.-ven. 13h-21h, sam.-dim. 12h-21h ; jusqu'à 23h par beau temps.***

Restos Bistrots

Café Reet

Café 35 Plan A2

En retrait du bruyant Spandauer Damm et à seulement cinq petites minutes de marche du château de Charlottenburg se trouve une jolie et paisible place arborée. Si vous avez envie de faire une pause rafraîchissante face aux arbres ou si vous souhaitez prendre un repas léger, cet agréable café propose des sandwichs, des quiches et de savoureux gâteaux faits maison. Vous pouvez aussi vous arrêter au Café Reet pour déguster un copieux petit déjeuner à l'allemande.

Klausener Platz 5 • Ⓢ Westend • ☎ 322 48 22 • T.l.j. 10h-18h • Part de gâteau : à partir de 3,50 €.

Bars, clubs Sorties

Deutsche Oper

Opéra 22 Plan B3

Bâti dans les années 1960, mais un peu défraîchi, le Deutsche Oper jouit d'une réputation mondiale et sa programmation n'a rien à envier à celle de son rival d'Unter den Linden. Son orchestre est très renommé. C'est le plus grand Opéra de Berlin, avec ses 1 865 places. Il accueille le Ballet national de Berlin et la compagnie Deutsche Oper.

Bismarckstrasse 35 • Ⓤ Deutsche Oper • ☎ 34 38 43 43 • www.deutscheoperberlin.de • Billet (24-100 €) : lun.-sam. 9h-20h, dim. et j.f. 12h-20h.

Bootshaus Stella

Biergarten 23 Plan A3

Pour un apéro en plein air, il y a également le Lietzensee, le petit lac qui serpente derrière la station de métro la plus proche du château de Charlottenburg. Si vous longez ses berges, vous tomberez sur une très charmante terrasse au bord de l'eau, qui a tous les ingrédients d'un *biergarten* digne de ce nom : des petits plats sans prétention (saucisses, *Leberkäse*, etc.), mais un gros choix de bières et de cocktails.

Witzlebenplatz 1 • Ⓤ Sophie-Charlotte-Platz • www.bootshausamlietzensee.de • Été : t.l.j. 10h-22h • Long drinks : à partir de 7 €.

Kaiser-Wilhelm-Gedächtniskirche (p. 94)

CHARLOTTENBURG, LE LONG DU KU'DAMM 9

Longue de plus de 3 kilomètres, la « chaussée des princes électeurs » (Kurfürstendamm ou Ku'damm) traverse d'une ligne franche l'ouest de la ville, du Tiergarten jusqu'à Grunewald. Dans les années 1920, le Tout-Berlin se retrouvait dans ses cafés, ses cinémas et ses cabarets. Reconstruite après la guerre, l'avenue devint la vitrine de la culture occidentale. Quelque peu excentrée depuis la réunification, elle reste associée au shopping et aux loisirs, mais n'a pas le charme de la Fasanenstrasse ou de la Savignyplatz. Dans les rues alentour, vous croiserez galeries d'art, petits musées, hôtels cosy et jolis cafés.

Un kiosque du quartier

1 Wittenbergplatz✦

Les cafés, théâtres et boutiques d'avant-guerre ont fait place à un quartier moderne où, le long de la Tauentzienstrasse, grands magasins et centres commerciaux rivalisent de prouesses architecturales et commerciales. Même le célèbre KaDeWe (p. 102) a été reconstruit après-guerre. Seule la station de métro réalisée par Alfred Grenander en 1911 rappelle un passé prestigieux.

Avant de partir à l'assaut des boutiques et centres commerciaux de la Wittenbergplatz, offrez-vous un petit voyage dans le temps, et découvrez le charme des carrelages jaune et vert, des guichets et des portes en bois de cette célèbre station.

2 Kaiser-Wilhelm-Gedächtniskirche✦✦

En 1945, la plupart des édifices du Kurfürstendamm étaient

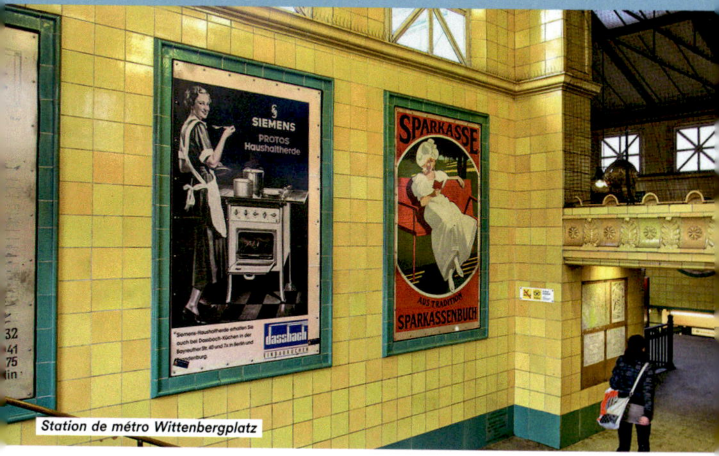

Station de métro Wittenbergplatz

en ruine, à l'image de l'**église commémorative de l'empereur Guillaume Ier**, datant de la fin du XIXe s. Son clocher éventré, témoin des années noires, a été laissé en l'état, et à son pied se trouve une salle du souvenir. À l'extrémité de la place, vous noterez l'**Europa-Center**, le centre commercial le plus ancien de Berlin, du début des années 1960.

Breitscheidplatz* • *☎218 50 23* • *www.gedaechtniskirche-berlin.de.

Église nouvelle : *T.l.j. 9h-19h ; en été, lun.-mar. et ven. 9h-12h, mer. 15h-17h.*

Gedenkhalle : *lun.-sam. 10h-18h, dim. 12h-17h30.*

3 C/O Berlin✦✦

Construite en 1956, l'Amerika Haus fut jusqu'au début du XXIe s. le centre culturel américain de Berlin. Après plusieurs décennies chaotiques, c'est la fondation pour la photographie C/O Berlin, originellement installée dans l'ancienne poste

Pause revigorante : Soup Kultur

Ce bar propose un choix de soupes chaudes ou froides, mais aussi des pâtes, à manger sur le pouce ou à emporter. Pour s'installer : deux tables en terrasse et quelques places à l'intérieur. À vos cuillères pour un déjeuner léger et bon marché (soupe : 5 €).

36 Plan B3 • ***Kurfürstendamm 224* • *☎88 62 92 82* • *www.soupkultur.de* • *Lun.-ven. 11h-14h30.***

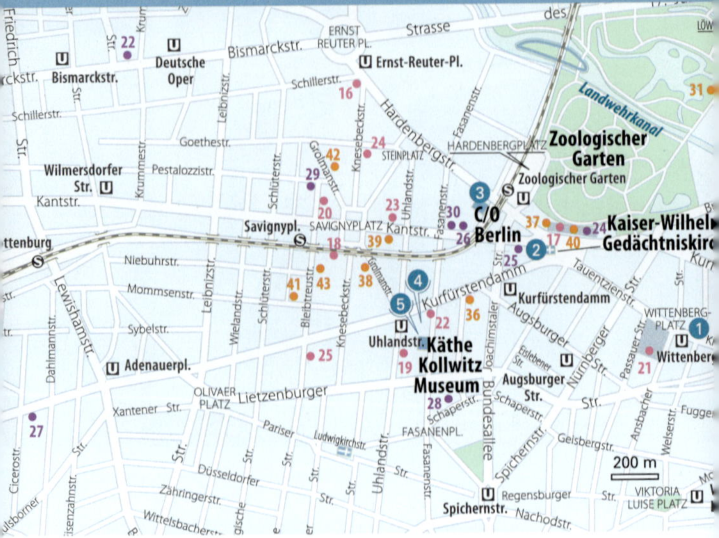

centrale de Mitte, qui en a pris possession. Une vingtaine d'expositions de photographes majeurs s'y relaient chaque année (agence Magnum, Anton Corbijn, Stephen Shore, etc.).

Hardenbergstrasse 22 • ☏284 44 16 62 • www.co-berlin.org • T.l.j. 11h-20h • Entrée : 10 €.

4 Literaturhaus**

Maison de la littérature

Bordée de beaux immeubles bourgeois et de quelques jolies villas fin XIXe s., l'élégante Fasanenstrasse offre une alternative paisible à l'animation du Ku'damm voisin.

Vous y trouverez, au no 23, une villa construite en 1889 – la Literaturhaus –, où l'on organise lectures et expositions. Elle est dotée d'une excellente librairie, d'une véranda et d'un jardin où il fait bon prendre un café et manger une part d'*Apfelstrudel* (8 €).

Fasanenstrasse 23 • ☏887 28 60 • https://literaturhaus-berlin.de • Lun.-jeu. 12h-16h, ven. 12h-15h (horaires variables selon le programme des lectures) • Entrée : 7 € (pour la plupart des lectures).

Café : *T.l.j. 9h-minuit • ☏882 54 14.*

5 Käthe Kollwitz Museum**

La plus ancienne villa de la Fasanenstrasse abrite un musée consacré à Käthe Kollwitz (1867-1945), une artiste engagée qui vécut et travailla dans le quartier de Prenzlauer Berg. Pacifiste, elle jouissait d'une grande popularité et puisait son inspiration dans les souffrances des classes populaires et dans les horreurs de la guerre. Ses affiches témoignent notamment de son engagement contre la guerre. Ce beau musée permet de découvrir la totalité de ses sculptures et 70 dessins et affiches, une centaine d'estampes, des lettres et des photos.

Fasanenstrasse 24 • ☏ 882 52 10 • www.kaethe-kollwitz.de • T.l.j. 11h-16h • F. 24 et 31 déc. • Entrée : 7 €.

Restos | Bars | Hôtels | Shopping | Activités

Restos Bistrots

Kantini

Food court 37 Plan C3

Vous n'avez pas le temps de faire la queue au self du KaDeWe ? Il y a désormais au 1er étage du Bikini Berlin (p. 101) un food court – autrement dit un point de chute commode pour butiner parmi les cuisines du monde : 13 comptoirs au choix (Italie, Espagne, Afrique du Sud, Corée, Israël, etc.) et une jolie vue sur le zoo.

Budapester Strasse 38-50 • U & S Zoologischer Garten • Lun.-sam. 9h-21h • Burger végétarien : 6 €; poulet teriyaki : 8,50 €.

Koshary Lux

Oriental 38 Plan B3

Ambiance rafraîchissante et colorée pour ce fast-food situé juste en retrait de la

Käthe Kollwitz Museum

Savignyplatz, qui propose des recettes orientales – sandwichs gourmands, soupes ou salades vitaminées – venues du Maroc au Liban en passant par la Tunisie et l'Égypte. Cette adresse est très bon marché pour le quartier, n'hésitez pas à vous y arrêter pour un déjeuner au calme en terrasse après avoir déambulé sur le Ku'damm.

Grolmanstrasse 27 • Ⓢ Savignyplatz • ☎81 40 61 90 • www.klx-kosharylux.com • Mar.-mer. 18h-22h, jeu.-sam. 12h-15h et 18h-22h; f. j.f. • Soupe de lentilles : 5 €.

Schwarzes Café

Café 39 Plan B3

Ce lieu est très apprécié des Berlinois, qui s'y retrouvent à toute heure pour prendre un café, boire un verre ou grignoter encas salé ou gourmandise sucrée. On y vient aussi pour le fameux *Frühstück* allemand à la carte (un copieux « petit déjeuner »), proposé à des prix très raisonnables : 6-12 €. Et on profitera, à l'arrière, d'un agréable petit jardin ombragé.

Kantstrasse 148 • Ⓢ Savignyplatz • ☎313 80 38 • www.schwarzescafe-berlin.de • T.l.j. 24h/24 (f. mar. 3h-10h).

NENI Berlin

Oriental 40 Plan C3

Pour commencer, la vue est magnifique ! Vous êtes au 10e étage du 25hours Hotel au sein du centre commercial Bikini situé entre le zoo de Berlin et le Kurfürstendamm. Créé par la cheffe Haya Molcho, le restaurant NENI propose une cuisine orientale généreuse et raffinée. Si vous préférez profiter de la vue avec un cocktail ou un snack, rendez-vous au Monkey Bar au même étage (p. 99).

25hours Hotel, Budapester Strasse 40 • Ⓤ & Ⓢ Zoologischer Garten • ☎120 22 12 00 • www.neniberlin.de.

Bar : *Lun.-jeu. 18h-2h, ven.-dim. 15h-2h.*

Restaurant : *Lun.-jeu. 12h-23h, ven.-dim. 12h30-23h • Mezze : 8,50 €; trio de mezze : 19 € • Résa conseillée.*

Marjellchen

Cuisine d'Europe centrale 41 Plan B3

Dans ce charmant restaurant un peu suranné, décoré de natures mortes et tout juste éclairé à la bougie rose, Ramona décline le meilleur de la Prusse orientale en souvenir d'une grand-mère originaire de là-bas. Le tout arrosé d'un schnaps de derrière les fagots à déguster sur fond de vinyles chevrotants. Pour un peu, on se croirait dans le Dantzig des années 1920… Ah, le vieux style !

Mommsenstrasse 9 • Ⓢ Savignyplatz • ☎883 26 76 • www.marjellchen-berlin.de • T.l.j. 12h-23h (dern. commande 22h) • Plat : 13-19,50 €.

Café Savigny

Café 42 Plan B3

Pas besoin d'être très grand pour devenir une institution. Juste à côté de la Savignyplatz, toujours très animée, ce petit café à l'atmosphère détendue est célèbre pour ses pâtisseries. Vous pourrez aussi y prendre un repas plus consistant.

Grolmanstrasse 53 • Ⓢ Savignyplatz • ☎0157 52 00 48 10 • www.cafesavigny.de • Mer.-dim. 16h-23h • Pâtisserie : à partir de 4,50 €.

Lubitsch

Allemand 43 Plan B3

Les alentours de la Savignyplatz recèlent des endroits charmants, tel ce restaurant doté d'une petite terrasse. Dans un cadre ancien, une salle spacieuse aux murs ornés de tableaux et dotée d'un bar étincelant invite à découvrir une cuisine berlinoise raffinée.

Bleibtreustrasse 47 • Ⓢ Savignyplatz • ☎88 62 66 60 • www.restaurant-lubitsch.de • T.l.j. 12h-minuit • Menu à midi : 9,50 € pour le plat principal; plat le soir : 14,50-36 €.

Bars, clubs Sorties

Monkey Bar

Bar 24 Plan C3

Comme son voisin, le restaurant NENI (p. 98), le Monkey Bar surplombe le zoo de Berlin au dernier étage du 25hours Hotel. Pour un cocktail en soirée ou pour un dimanche après-midi en musique (électro), avec la *skyline* berlinoise pour décor. Le bar sert aussi des snacks d'inspiration new-yorkaise : pastrami sandwich, cheesecake, etc.

25hours Hotel, Budapester Strasse 40 • Ⓤ & Ⓢ Zoologischer Garten • ☎12 02 21 210 • www.25hours-hotels.com/de/bikini/restaurant/monkey-bar.html • Lun.-jeu. 18h-2h, ven.-dim. 15h-2h • Moscow Mule : 12,50 €.

One Lounge

Bar 25 Plan C3

Le bar perché au 10e étage de l'hôtel Motel-One Upper West (118 m de hauteur) n'est pas réservé aux seuls clients de l'hôtel. Profitez-en ! L'atmosphère est relaxante, et la vue, par temps clair, panoramique. Le choix de snacks est limité, mais ils ont plusieurs cocktails à la carte, deux, trois sortes de bières, des digestifs, et même des liqueurs de plantes médicinales (Jägermeister).

Kantstrasse 163-165 • Ⓤ & Ⓢ Zoologischer Garten • ☎89 665 02 50 • www.motel-one.com/fr/hotels/berlin/hotel-berlin-upper-west • Cocktail : 7,50-9,50 €.

Theater des Westens

Comédie musicale 26 Plan B3

Ce magnifique édifice wilhelminien est devenu, depuis 1987 et la reprise de Cabaret, l'une des meilleures scènes de comédies musicales en Europe. Plus cher le samedi soir.

Kantstrasse 12 • U & S Zoologischer Garten • 01 80 54 444 • www.stage-entertainment.de • Billet (60-150 €) : mar.-ven. 13h-19h30, sam. 12h-19h30, dim. 12h-19h.

Schaubühne

Théâtre 27 Plan B3

Ce célèbre théâtre a retrouvé un second souffle avec l'arrivée à sa tête, en 1999, du metteur en scène Thomas Ostermeier et de la chorégraphe Sasha Waltz – qui a quitté les lieux en 2006. C'est désormais un grand centre de la création contemporaine, un pôle majeur du théâtre et de la danse. Au programme : Brecht, Strindberg, Tolstoï (parfois surtitré en français).

Kurfürstendamm 153 • U Adenauerplatz ou bus M19 et M29 • 89 00 23 • www.schaubuehne.de • Billet (7-49 €) • Lun.-sam. 11h-18h30, dim. 15h-18h30.

Bar jeder Vernunft

Cabaret 28 Plan B3

Sous une tente Art déco et dans une ambiance magique de velours rouge, de bougies et de miroirs, venez voir la fine fleur du cabaret et de la chanson d'auteur. Des spectacles originaux et proches de l'esprit berlinois des années 1920.

Schaperstrasse 24 • U Spichernstrasse ou bus 204 et 249 • 88 31 582 • www.bar-jeder-vernunft.de • Billet (17-47 €) • Lun.-ven. 12h-18h30, sam.-dim. 15h-17h30 et ouverture du restaurant et de la billetterie 1h30 avant le spectacle.

A-Trane

Club de jazz 29 Plan B3

De l'extérieur, il ne paie pas de mine. Et pourtant, c'est l'un des meilleurs clubs de jazz de la capitale (il a même été élu, en 2011, « Best Jazzclub » de toute l'Allemagne). Le souci, c'est qu'il est tout petit : 100 places maxi et vite... chaud bouillant, surtout durant le Jazzfest Berlin. Un conseil : arrivez tôt ou réservez !

Bleibtreustrasse 1 • U Savignyplatz • 313 25 50 • www.a-trane.de • Ven.-sam. 20h-1h, dim.-jeu. 20h-minuit; sam. jazz session à minuit.

Quasimodo

Club de jazz 30 Plan B3

Si vous êtes fan de blues et de funk, ça vaut la peine de pousser la lourde porte de cette salle de concert en sous-sol qui a connu ses heures de gloire du temps de Chet Baker et de Dizzy Gillespie. Car elle vient de retrouver un second souffle grâce à Tomas Spindler, un pro de la programmation. Le bar aussi est sympa.

Kantstrasse 12A • U & S Zoologischer Garten • 31 80 45 60 • www.quasimodo.de • Bar t.l.j. 16h-23h30, concert : 22h30 (15-48 €).

Hôtels B&B

Pension Peters

Pension Plan B3

Un coup de cœur pour cette pension sans prétention, située à l'angle de la Savignyplatz. Trente-quatre chambres lumineuses, toutes simples mais attachantes. Le petit plus ? L'atmosphère quasi familiale.

Kantstrasse 146 • U Savignyplatz • ☎ 31 22 278 • www.pension-peters-berlin.de • De 60 à 110 € • Petit déjeuner : 9 €.

Hotel Astrid

Joli Plan B3

Vingt-huit chambres avec parquet et plafond orné de moulures, classiques et spacieuses. Certaines disposent d'un petit balcon, d'autres jouissent d'une jolie vue sur le Kurfürstendamm.

Bleibtreustrasse 20 • S Savignyplatz • ☎ 881 59 59 • www.hotel-astrid.de • De 50 à 240 €.

Shopping Cadeaux

Manufactum

Grand magasin 16 Plan B3

Ce grand magasin fondé en Allemagne en 1988 rassemble des objets neufs aux allures d'antan. Du linge de maison à la vaisselle en passant par les outils de jardin, tout est fait ici pour durer une vie. Les prix s'en ressentent, mais les nostalgiques ne seront pas déçus par la visite. Les objets, réalisés par des designers internationaux, vous téléporteront assurément dans la maison de vos aïeux.

Hardenbergstrasse 4-5 • U Ernst-Reuter-Platz • ☎ 24 03 38 44 • www.manufactum.com • Lun.-ven. 10h-20h, sam. 10h-18h.

Manufactum

Bikini Berlin

Centre commercial 17 Plan C3

Ce centre commercial de 17 000 m^2 ouvert en 2014 se définit comme le premier « concept mall » du pays. Fleuron de l'architecture ouest-allemande des années 1950, il a été réhabilité et accueille magasins classiques et boutiques éphémères. Son atout : la vue sur le zoo.

Budapester Strasse 38-50 • U & S Zoologischer Garten ou U Kurfürstendamm • ☎ 55 49 64 55 • www.bikiniberlin.de • Lun.-sam. 10h-20h.

Bücherbogen am Savignyplatz

Librairie 18 Plan B3

Cette très grande librairie, fondée en 1980 sous les arcades du S-Bahn traversant la ville d'est en ouest, est spécialisée en architecture, art, photographie et design. Flânez entre les rayons, et vous ressortirez peut-être avec un ouvrage sur l'histoire de Berlin ou sur une prochaine destination de voyage.

Stadtbahnbogen 593 • S Savignyplatz • ☎31 86 95 11 • www.buecherbogen.com • Lun.-sam. 11h-19h.

Berliner Kaffeerösterei

Café 19 Plan B3

Le café (dès 7,50 € les 250 g) est leur spécialité, mais vous y trouverez aussi une alléchante sélection de thés, biscuits et confiseries. Si vous avez déjà l'eau à la bouche, passez la porte vitrée et choisissez une pâtisserie à manger sur place dans le café jouxtant la boutique.

Uhlandstrasse 173-174 • U Uhlandstrasse • ☎88 67 79 20 • www.berliner-kaffeeroesterei.de • Lun.-sam. 9h-20h, dim. et j.f. 10h-19h.

Chapeaux

Chapelier 20 Plan B3

Vous êtes à l'affût d'un couvre-chef ? Poussez la porte d'Andrea Curti ! C'est une modiste inventive, qui a fait ses classes auprès du dernier maître chapelier de Berlin (Günther Baumbach) et dont la boutique est pleine de bibis joliment décorés et de bérets décontractés (210-280 €), pour hommes et femmes (de 350 à 520 € tout de même !). En plus, elle a le compas dans l'œil et saura tout de suite vous dire celui qui sied le mieux à votre visage.

Bleibtreustrasse 51 • S Savignyplatz • ☎312 09 13 • www.chapeaux-hutmode-berlin.de • Mar.-ven. 12h-19h, sam. 10h-16h.

Kaufhaus des Westens (KaDeWe)

Grand magasin 21 Plan C3

S'il existe une seule bonne raison de découvrir ce grand magasin légendaire, vitrine de Berlin-Ouest au temps de la partition, c'est bien pour son rayon gastronomie. Un « rayon » qui occupe à lui seul les 7 000 m² du 6e étage du magasin. Avec près de 1 300 fromages et presque autant de charcuteries (*Tafelspitz* : 20 €/kg), le moins que l'on puisse dire, c'est que l'endroit est impressionnant. On y trouve absolument tout et, en plus, on peut déguster sur place.

Tauentzienstrasse 21-24 • U Wittenbergplatz • ☎21 210 • www.kadewe.de • Lun.-jeu. et sam. 10h-20h, ven. 10h-21h. F. j.f. • Restaurant (6e étage) : lun.-sam. 10h-minuit.

Look 54

Mode 22 Plan B3

Fondée en 2003 par Timo Röpke (alias DJ Ultimo), cette marque un peu en marge de celles des autres créateurs berlinois

Kaufhaus des Westens (KaDeWe)

propose des tee-shirts (à partir de 40 €), polos et autres sweat-shirts estampillés Berlin. Qu'il s'agisse des collections « Ku'damm Cowboys and Cowgirls » ou « Strass Crystal », toute la gamme est fabriquée à Berlin même et vendue uniquement dans cette boutique. C'est une mode jeune destinée tant aux sorties en club qu'à la vie quotidienne.

Kurfürstendamm 215 • U Uhlandstrasse • 34 74 01 60 • www.look54.de • Lun.-sam. 10h-19h.

Minimum Charlottenburg

Design 23 Plan B3

Une « galerie commerciale » incontournable pour les amateurs de design. Dans un bâtiment de verre ultramoderne, près de 50 boutiques sont consacrées à la décoration d'intérieur et au mobilier contemporain. Sur quatre niveaux, de nombreux designers allemands et étrangers présentent leurs dernières créations.

Kantstrasse 17 • U & S Zoologischer Garten • 31 51 50 • www.minimum.de • Lun.-sam. 10h-19h.

Lindner

Traiteur 24 Plan B3

Ce traiteur berlinois réputé possède de nombreux magasins à Berlin. Celui-ci est sans aucun doute le plus agréable pour goûter aux charcuteries, salées ou non, spécialités de la maison. Vous y trouverez aussi des salades toutes prêtes, des pains savoureux et de très bons vins. Qualité et fraîcheur garanties.

Knesebeckstrasse 92 • U Ernst-Reuter-Platz • 31 35 375 • www.lindner-ess kultur.de • Lun.-ven. 8h-18h, sam. 8h-13h30 • Pâtisserie : 1,50-2,50 €.

SØR

Mode homme 25 Plan B3

Las des vêtements trop ternes ? N'hésitez pas à découvrir ce magasin où la couleur est à l'honneur. Unies ou imprimées, à rayures ou à carreaux, les chemises de facture classique doivent avant tout leur cachet à leurs couleurs franches et gaies. De grandes marques tels Windsor ou Van Laack complètent la collection maison. Du caleçon à l'épingle de cravate, vous y trouverez aussi un vaste choix d'accessoires. Polos à partir de 89 €.

Bleibtreustrasse 33 • S Savignyplatz • 88 62 82 22 • www.soer.de • Lun.-sam. 10h-19h.

ART ET AVANT-GARDE

En 1871, malgré un premier âge d'or sous le règne de Frédéric II, Berlin n'est pas encore un haut lieu de l'art, « seulement » une métropole industrielle et politique. Avec la fondation de l'empire, tout change à une vitesse vertigineuse et, en quelques années, la capitale allemande devient un pôle artistique de premier plan. Interrompu par le nazisme, paralysé par la guerre froide, ce rayonnement exceptionnel redevient une réalité.

La révolte picturale

En 1898, en rupture avec le conservatisme et l'autoritarisme de Guillaume II, une soixantaine de peintres et de sculpteurs, parmi lesquels **Max Liebermann** et **Käthe Kollwitz**, décident de faire « **sécession** » et de présenter leurs œuvres hors des circuits officiels. Ouverte à toutes les tendances, notamment à l'impressionnisme et au réalisme, **la Sécession berlinoise prône la liberté** et présente sa première exposition dès l'année suivante. Rejoint par de nombreux artistes, rapidement soutenu par la **revue *Kunst und Künstler*** (Art et Artistes), le mouvement place pour la première fois Berlin à l'avant-garde artistique allemande. Formée dans la contestation de la norme, la Sécession connaît à son tour une scission, avec le départ des peintres expressionnistes.

Très coloré, parfois caricatural et violent, l'**expressionnisme** exprime une critique radicale de la société. Né à Dresde en 1904, le mouvement expressionniste **Die Brücke** (Le Pont) s'installe à Berlin en 1911, où il est soutenu par la **revue *Der Sturm*** (La Tempête), qui défend également le **cubisme**, le **futurisme** et le **constructivisme.** Ce bouillonnement sans précédent, qui attire à Berlin des artistes de toutes nationalités, s'étend aussi à l'architecture, avec le Jugendstil (déclinaison allemande de l'Art nouveau), ainsi qu'au théâtre et à la littérature.

L'art contemporain au musée

Depuis la réunification, il existe une réelle volonté politique de promouvoir l'art contemporain. Berlin s'est ainsi doté de deux grands musées, la Hamburger Bahnhof (p. 23) et la Berlinische Galerie (p. 112). Mais aussi, dès 1995, d'une importante foire d'art contemporain, Art Berlin Contemporary (p. 193), qui se tient en septembre-octobre pendant la Berlin Art Week, suivie rapidement par la création d'une Biennale (www.berlinbiennale.de).

L'engagement politique

Dans les années 1920, la plupart des artistes installés à Berlin deviennent des acteurs de la société en s'inscrivant dans une démarche politique.

En peinture, la **Nouvelle Objectivité** *(Neue Sachlichkeit)*, un mouvement qui réunit **Otto Dix, George Grosz** et **Max Beckmann**, exprime une vision radicale et cynique de la société en représentant froidement la réalité.

Au théâtre, **Max Reinhardt, Erwin Piscator** et **Leopold Jessner** révolutionnent la mise en scène et initient un **théâtre** populaire à la fois politique et social. Ce théâtre engagé ouvre la voie à **Bertolt Brecht**, dont ***L'Opéra de quat'sous*** triomphe en 1928.

En architecture, l'école du **Bauhaus** aspire à promouvoir une vie saine, en harmonie avec l'environnement. Rejetant l'historicisme et les *Mietskasernen* « Casernes locatives » du XIXe s. précédent, elle prône un habitat social de qualité et privilégie une architecture fonctionnaliste. De nouveaux programmes de construction de lotissements voient ainsi le jour, telle la « ville nouvelle » de Siemensstadt, à laquelle participent notamment **Walter Gropius** et **Hans Scharoun.**

Les galeries d'art

Berlin dénombre **plus de 450 galeries** – ouvertes tant aux artistes allemands qu'aux artistes étrangers –, pour près de 60 000 m^2 de surface d'exposition. À Mitte, l'**Auguststrasse** et ses environs offrent un bon point de départ pour qui veut découvrir cet aspect important de la ville.

Galerie Eigen+Art : *Auguststrasse 26 (Plan B3)* • Ⓤ *Rosenthaler Platz* • *☏ 28 06 605* • *www.eigen-art.com.*

Les alentours de la **Savignyplatz** ne manquent pas d'intérêt, puisqu'on y trouve les établissements les plus anciens de Berlin. La **Potsdamer Strasse** (principalement entre Pohlstrasse et Lützowstrasse) abrite également un nombre important de galeries, parfois situées dans une arrière-cour ou à l'étage. ■

Autoportrait, Käthe Kollwitz

SCHÖNEBERG

10

Situé en secteur américain au temps de la partition, Schöneberg fut le siège des autorités de Berlin-Ouest. Cosmopolite et très peuplé, c'est aujourd'hui un quartier résidentiel qu'animent de nombreux restaurants, bars et boutiques. C'est aussi le quartier historique de la communauté homosexuelle.

Tour de l'hôtel de ville vue depuis la station de métro

1 Rathaus Schöneberg✦

Hôtel de ville de Schöneberg

Construit au début du XXe s., cet imposant bâtiment entra dans l'Histoire le 26 juin 1963, quand le président John F. Kennedy y prononça depuis le balcon un discours qui s'acheva par la célèbre formule : *Ich bin ein Berliner*. Son parvis accueille le week-end un **marché aux puces** (sam.-dim. 8h-16h), et juste derrière s'étend le **Rudolph-Wilde-Park**, très arboré et joliment aménagé.

John-F.-Kennedy-Platz.

2 Hauptstrasse 155✦

Voici l'immeuble où **David Bowie** vécut par intermittence entre 1976 et 1978. C'est à cette période qu'il enregistra, parfois avec son ami et voisin Iggy Pop, ses chansons aux Hansa Studios. Une plaque commémorative a été installée par la ville en 2016 en hommage à la création de ses albums *Low*, *Heroes* et *Lodger*. Pour en savoir plus sur la trilogie berlinoise de la star, suivez le guide : www.musictours-berlin.de/de/bowie-berlin-walk (p. 188).

3 Heinrich von Kleist Park✦

La magie des parcs berlinois n'est pas une chimère. Pourtant située tout près de la bruyante Potsdamer Strasse, cette petite oasis de verdure est d'un grand calme… On peut même profiter du chant des oiseaux. À l'entrée, la surprenante colonnade baroque, dessinée par Carl von Gontard à la fin du XVIIIe s., se trouvait autrefois sur l'Alexanderplatz. En marge du parc, la **Haus am Kleistpark** présente des expositions d'artistes berlinois et internationaux.

Potsdamer Strasse • T.l.j. 24h/24.

Haus am Kleistpark : *www.hausamkleistpark.de • Mar.-dim. 11h-18h • Accès libre.*

4 Pallasseum✦

Le bâtiment ne se visite pas, mais son architecture vaut le détour. Construite à la fin des années 1970, la « tour » de logements enjambe la rue, mais également… un bunker qui n'a pas pu être détruit après la guerre. Le contraste saisissant est amplifié par la profusion d'antennes paraboliques bariolées pour certaines.

C'est grâce à ces antennes que de nombreux immigrés installés à Berlin restent reliés à la culture et à l'actualité de leur pays d'origine ; l'antenne devient donc un objet symbolique, que l'artiste Daniel Knipping a détourné pour ce vaste projet artistique intitulé *Du dedans au dehors*, réalisé pour l'immeuble avec ses habitants (www.danielknipping.de).

Pallasstrasse 3 • www.pallasseum-wohnbauten.de

5 Winterfeldtplatz✦

Déambuler dans les rues au sud de la Nollendorfplatz vous donnera un aperçu de la vie quotidienne au cœur de Schöneberg. Durant votre promenade, vous passerez des bars gays de la Motzstrasse aux cavistes et antiquaires de la Winterfeldtstrasse, ainsi que par la Winterfeldtplatz pour profiter de ses terrasses et peut-être de son **marché** si vous êtes chanceux (chaque mer. et sam. 8h-16h).

Pause hors du temps : Café Einstein

Parée d'une jolie marquise, cette élégante villa de la fin du XIXe s. possède un charme fou (parquets cirés, moulures dorées, jardin). On peut y venir à toute heure, pour boire un verre, un café, un thé (à partir de 6,50 €), pour savourer une pâtisserie, prendre un petit déjeuner, déjeuner ou dîner (*Wiener Tafelspitz* : env. 24 €). C'est un peu cher, mais… c'est le café favori de Wim Wenders.

44 Plan C3 • *Kurfürstenstrasse 58 • ☏263 91 90 • www.cafeeinstein.com • T.l.j. 9h-22h.*

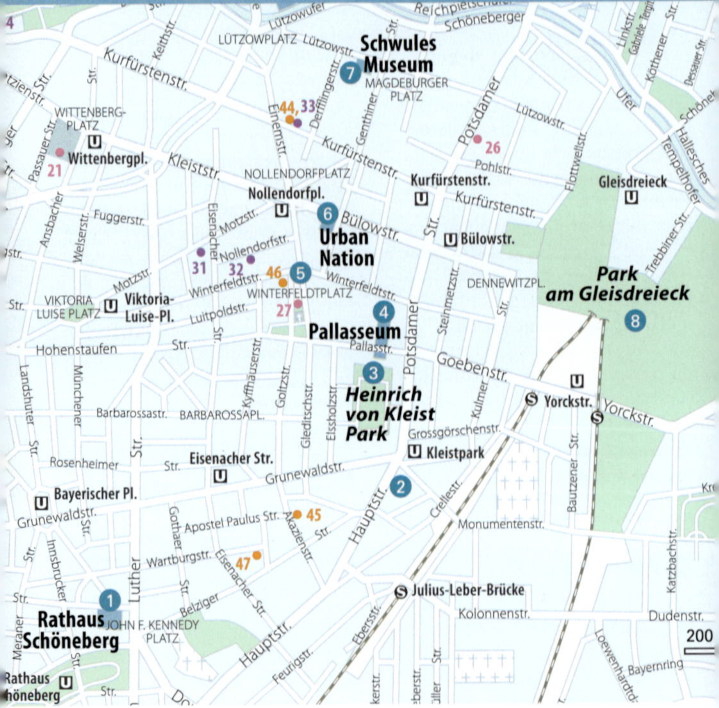

⑥ Urban Nation✦

Bonne nouvelle pour les fans de tags, de pochoirs et de graffitis : un musée entièrement dédié à l'art urbain vient d'ouvrir ses portes à Berlin et il est gratuit ! Nous, on a flashé sur *Butterfly Effect* de Xenz et sur *Deepest Breath* de James Bullough, mais il y en a pour tous les goûts : les commissaires, en effet, ont pris le parti de sélectionner 150 artistes aux approches très différentes, des talents locaux et des pointures internationales.

Bülowstrasse 7 • www.urban-nation.com • Mar.-dim. 10h-18h • Accès libre.

⑦ Schwules Museum✦✦

Musée LGBT

Depuis sa création, en 1985, le Schwules Museum est devenu un établissement de référence pour l'archivage, la recherche et la diffusion de la culture des communautés LGBT (lesbiennes, gays, bisexuels et transgenres). Les expositions temporaires abordent différentes thématiques à travers le spectre de l'art, de l'histoire et de la culture, enrichies d'un programme de conférences et de performances.

Lützowstrasse 73 • ☎ 69 59 90 50 • www.schwulesmuseum.de • Lun., mer., ven. 12h-18h, jeu. 12h-20h, sam. 14h-19h • Entrée : 9 €.

8 Park am Gleisdreieck✦✦

Il est très agréable de traverser à vélo ce parc de 26 ha aménagé sur l'aire de triage des anciennes gares de Potsdamer Platz et d'Anhalter Bahnhof. Terrains de jeu, de basket, de beach-volley, skatepark, etc. Gleisdreieck est une certaine définition du parc urbain idéal. Il fait la fierté des Berlinois et s'est vu décerner plusieurs prix d'architecture depuis son ouverture, en 2013.

Urban Nation

Yorckstrasse/Möckernstrasse 26 • http://gruen-berlin.de/park-am-gleisdreieck • T.l.j. 24h/24.

Restos | Bars | Hôtels | Shopping | Activités

Restos Bistrots

Gottlob

Bistrot 45 Plan C4

Cette *Kneipe* conviviale est dotée d'une terrasse et d'un petit jardin. On y vient pour prendre un verre en toute simplicité ou manger salades, pâtes et différents plats à base de légumes.

Akazienstrasse 17 • U Eisenacher Strasse • ☎ 78 70 80 95 • Lun.-jeu. 9h-1h, ven.-sam. 9h-2h, dim. 10h-1h • Plat : 8,50-9 €.

Habibi

Libanais 46 Plan C3

L'*Imbiss* libanais le plus connu de Berlin, comme le prouve la file d'attente qui se forme de jour et de nuit. La spécialité de la maison est l'assiette de falafels accompagnée de ses galettes et de son panaché de salades.

Goltzstrasse 24 • U Nollendorfplatz • 215 33 32 • T.l.j. 11h-3h (ven.-sam. 11h-5h) • Plat : 3,50 €.

Renger-Patzsch

Alsacien 47 Plan C4

Parquets et boiseries apportent une touche d'authenticité à ce restaurant décoré de photographies d'Albert Renger-Patzsch, collectionnées avec passion par le grand-père du nouveau patron, Oliver Schupp. À la carte, on découvre de savoureuses spécialités alsaciennes et allemandes, à accompagner d'excellents vins d'Alsace. C'est aussi là que l'on mange les meilleures *Flammkuchen* (8-11 €) et choucroutes de Berlin.

Wartburgstrasse 54 • U Eisenacher Strasse • 784 20 59 • www.renger-patzsch.com • Lun.-sam. 18h-23h • Plat : 15-30 €.

Renger-Patzsch

Bars, clubs Sorties

Hafen

Bar/club 31 Plan C3

Si vous ne savez pas quel bar choisir dans le quartier gay de la Motzstrasse, commencez par ce *Kneipe* à l'ambiance disco-pop qui n'a pas bougé depuis les années 1990. *Come as you are !* Et si la salle est bondée, restez sur le trottoir qui se transforme en terrasse au fur et à mesure de la soirée.

Motzstrasse 19 • U Nollendorfplatz • 21 14 118 • www.hafen-berlin.de • T.l.j. 19h-4h.

Stagger Lee

Bar 32 Plan C3

Mi-pub, mi-saloon, ce bar décoré de boiseries est connu pour ses cocktails. La carte des boissons est longue, laissez-vous tenter par des associations inédites ou demandez conseil au bar. Située dans une rue un peu plus calme que sa voisine, la Motzstrasse, c'est une adresse culte, ouverte tous les soirs !

Nollendorfstrasse 27 • U Nollendorfplatz • 29 03 61 58 • Facebook : Stagger Lee Cocktailbar • Mer.-dim. 18h-minuit • Cocktail : 11-14 €.

Lebensstern

Bar à cocktails 33 Plan C3

Au 1er étage de la villa Einstein se niche « l'Étoile de Vie », un ancien casino clandestin que l'on aime pour ses fauteuils club, sa bande-son jazzy et son petit parfum des années 1920. Aux beaux jours, sa terrasse offre une très agréable vue sur le jardin. Si vous appréciez le rhum, vous serez servi : au Lebensstern, vous pourrez en tester plus de 500 sortes !

Kurfürstenstrasse 58 • U Kurfürstenstrasse ou Nollendorfplatz • 26 39 19 22 • www.lebens-stern.de • Ven.-sam. 18h-2h • Cocktail : à partir de 9 €; vin au verre : 8 €.

Hôtels B&B

B&B Hotel

Bed and breakfast Plan D3

Cet hôtel se situe à 5 min de la Potsdamer Platz et propose 90 chambres pimpantes. Un peu bruyant côté rue.

Potsdamer Strasse 90 • U Kurfürstenstrasse • 516 51 00 • www.hotelbb.de • Réception : lun.-ven. 6h-23h, sam.-dim. 7h-22h • 54-98 € • Petit déjeuner : 8,50 €.

Shopping Cadeaux

Andreas Murkudis

Mode 26 Plan D3

Dirigée par Andreas, frère du styliste Kostas Murkudis, cette boutique, aménagée dans une ancienne imprimerie, séduit par son décor moderne et artistique. C'est l'endroit idéal pour découvrir les grands noms de la mode berlinoise et européenne (Martin Margiela, Dries Van Noten, etc.) et des objets rares, choisis pour leur esthétique, leur qualité et leur longévité. Ici, on est invité à prendre son temps.

Potsdamer Strasse 81E • U Kurfürstenstrasse • 68 07 98 306 • www.andreasmurkudis.com • Lun.-sam. 11h-20h.

Winterfeldtmarkt

Marché 27 Plan C3

Ce marché chic de Berlin est idéal pour se fournir en produits frais et artisanaux ou pour confectionner son déjeuner. Le samedi matin, les habitants du quartier s'y pressent à la recherche de fromages français, de charcuterie italienne ou de *Spreewalder Gurken*, d'impressionnants cornichons assaisonnés. L'idéal est de s'y rendre en milieu de matinée quand les étals sont encore bien fournis, puis de profiter des cafés et des boutiques du quartier.

Winterfeldtplatz • U Nollendorfplatz • Mer. 8h-14h, sam. 8h-16h.

KREUZBERG, LE LONG DU MEHRINGDAMM

11

La partie ouest de Kreuzberg (entre le bas de la Friedrichstrasse et la Platz der Luftbrücke) est tout aussi colorée et populaire que l'est du quartier, même si elle est réputée plus chic. Davantage touchée par les bombardements, elle a cependant gardé son authenticité et de beaux immeubles dotés de cours typiquement berlinoises. Une atmosphère plaisante, surtout autour de la Chamissoplatz.

Jüdisches Museum

1 Berlinische Galerie✦✦

Inauguré en 2004 dans un ancien entrepôt restauré et modernisé, ce grand musée est consacré à l'art moderne et contemporain berlinois depuis la fin du XIXe s. De la photographie au multimédia en passant par la peinture et l'architecture, ses collections et ses expositions temporaires offrent un excellent aperçu des différents mouvements qui animent l'art berlinois. Le café du musée dispose d'une terrasse très agréable.

Alte Jakobstrasse 124-128 • ☎ 78 90 26 00 • www.berlinischegalerie.de • Mer.-lun. 10h-18h • Entrée selon les expos : 8-10 €; gratuit 1er dim. du mois et -18 ans.

2 Jüdisches Museum✦✦✦

Musée juif de Berlin

Le musée, inauguré en 2001, est dédié à l'histoire du peuple juif en Allemagne depuis l'époque romaine. L'entrée se fait par le **Kollegienhaus**, ancien palais de justice datant de 1735, qui abrite les expositions temporaires. L'architecte déconstructiviste américain **Daniel Libeskind**, chargé de la conception du musée, remodela l'intérieur de ce bâtiment et en ajouta un second, deux fois plus grand, véritable sculpture architecturale devenue une référence mondiale.

« Entre les lignes »

C'est ainsi que Libeskind avait intitulé son projet, souhaitant donner une forme visuelle à l'Histoire. Le nouveau bâtiment est surnommé *« Der Blitz »* (l'éclair) pour son tracé formant une ligne brisée dont aucun angle n'est droit. Recouvertes de feuilles de zinc, les façades sont percées de longues entailles et de fissures obliques qui, à l'intérieur, génèrent des perspectives inattendues.

Itinéraires

Au rez-de-chaussée se croisent deux couloirs qui symbolisent la marche vers l'exil, et celle vers l'extermination. Le premier conduit au jardin de l'Exil : 49 stèles en béton à égale distance les unes des autres, disposées sur un plan incliné et couronnées d'arbustes. Le second mène au néant de l'Holocauste, une salle vide, dont la partie supérieure est percée d'une fente étroite qui laisse passer la lumière sans voir le ciel...

Salles d'exposition

Sinuant à travers le bâtiment, un troisième itinéraire permet de découvrir sur trois étages des expositions consacrées à l'histoire et à l'art juifs. Des salles vides symbolisent la part de la culture juive à jamais disparue.

Berlinische Galerie

Lindenstrasse 9-14 • ☎ 25 99 33 00 • www.jmberlin.de • T.l.j. 10h-19h • Entrée : 8 €.

Spécial enfants

Sur le trottoir d'en face, le Musée juif a ouvert en 2020, juste derrière l'académie Blumenthal, une annexe entièrement dédiée aux enfants : **Anoha**. L'architecte Olson Kundig leur a concocté une superbe Arche de Noé aussi ludique qu'instructive.

Mar.-ven. 9h-13h, sam.-dim. 10h30-16h.

3 St. Agnes/ König Galerie✦✦

Le galeriste Johann König s'est installé en 2015 à St. Agnes, site que la paroisse du même nom avait quitté 10 ans plus tôt. Ce bâtiment en béton brut, qui s'apparenterait plutôt à un bunker, est en effet

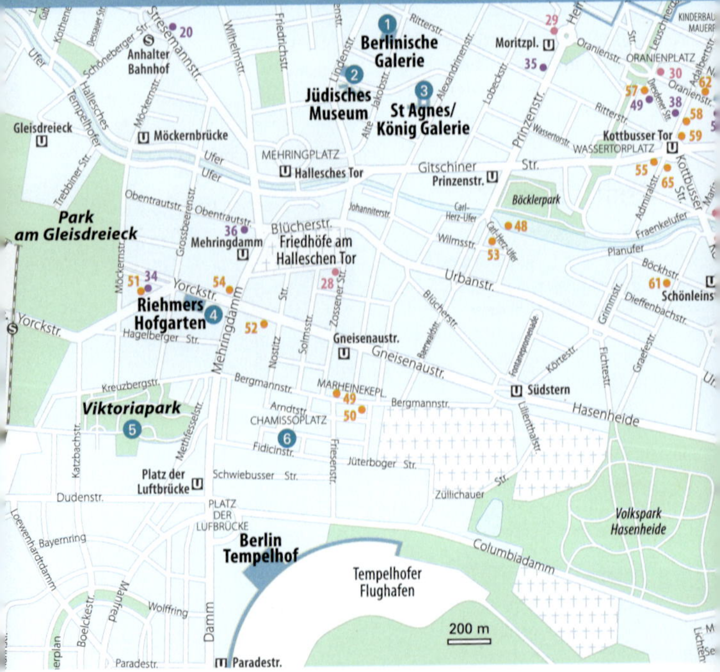

une ancienne église bâtie dans les années 1960. Le site accueille aujourd'hui la galerie ainsi qu'un charmant café et plusieurs agences.

Alexandrinenstrasse 118-121 • ☎26 10 30 80 • www.koeniggalerie.com • Mar.-sam. 10h-18h, dim. 12h-18h • Accès libre.

4 Riehmers Hofgarten✦✦

Berlin recèle de véritables trésors, tel cet ensemble résidentiel construit à la fin du XIXe s. Précédée d'une entrée majestueuse flanquée de deux atlantes, une ravissante cour centrale ombragée est bordée de plusieurs immeubles bourgeois de très belle facture.

Yorckstrasse 83-86.

5 Viktoriapark✦✦

Aménagé à la fin du XIXe s. sur l'une des plus hautes collines de Berlin (près de 70 m d'altitude !), ce vaste parc, agrémenté d'une cascade artificielle, offre une très belle vue sur la ville. Au sommet, un monument de

Schinkel (1821) célèbre les « guerres de libération » contre Napoléon : sa croix *(Kreuz)* de fer a donné son nom au quartier...

Kreuzbergstrasse* • *T.l.j. 24h/24.

6 Chamissoplatz⁺⁺

Construits à la fin du XIXe s., de beaux immeubles aux façades colorées donnent à cette place un charme fou. Charme que l'on retrouve dans les rues alentour au fur et à mesure des restaurations qui permettent à ce quartier longtemps délaissé de retrouver son âme. Pour en profiter le soir venu, rendez-vous au **Haifischbar** pour déguster tapas et cocktails (env. 10 €).

Haifischbar : ***Arndtstrasse 25* • ☎ *691 13 52* • *www.galander.berlin/galander-haifischbar* • *T.l.j. 18h-2h.***

Restos | Bars | Hôtels | Shopping | Activités

Restos Bistrots

Van Loon

Brunch 48 Plan E3

Vous voyez le navire amarré à la berge du canal ? C'est là ! Un spot idéal, par beau temps, pour prendre un copieux petit déjeuner allemand en terrasse le week-end (10h-15h). Ou un brunch flottant... à volonté : à certaines dates, l'ancien voilier de commerce néerlandais lève l'ancre et part à l'assaut des canaux 3h durant (rens. et prix sur le site). Un lieu romantique !

Pause sur le pouce : Marheineke Markthalle

Le **marché couvert** de la place Marheineke, modernisé, reste un incontournable du Bergmannkiez à Kreuzberg. En 1892, lorsqu'il a été inauguré, il accueillait 290 étals de 4 m² chacun. Aujourd'hui, si 50 détaillants se partagent encore la halle, vous n'y verrez plus de ferblantier, mais des primeurs, des épiceries fines et des stands variés joliment achalandés pour déjeuner sur le pouce.

49 Plan E4 • ***Marheinekeplatz 15* • ☎ *50 56 65 36* • *www.meine-markthalle.de* • *Lun.-ven. 8h-20h, sam. 8h-18h.***

Carl-Herz-Ufer 5 • U Prinzenstrasse • ☎ 692 62 93 • www.vanloon.de • Lun.-ven. 16h-22h, sam.-dim. 10h-22h • Frühstück : 5,50 €; plat midi en semaine : 8,50 €.

Austria

Autrichien 50 Plan E4

Originaire de Vienne et très répandu en Allemagne, le *Wiener Schnitzel* est une fine escalope de veau enrobée de chapelure frite, accompagnée de salade de pommes de terre. Austria, en face de la Passionkirche, est une très bonne adresse pour apprécier cette spécialité viennoise dans une ambiance typiquement berlinoise. Pensez simplement à réserver et privilégiez les jours de grande faim, par exemple après avoir traversé le parc Tempelhof, à proximité.

Bergmannstrasse 30 • U Gneisenaustrasse • ☎ 694 44 40 • www.austria-berlin.de • Lun.-jeu. 16h-22h, ven.-dim. 12h-22h • Plat : 12-22 €.

Mr. Minsch

Pâtisserie 51 Plan D4

Cette pâtisserie offre une belle sélection de gâteaux réalisés dans la cuisine attenante à la boutique. Chaque jour, une vingtaine de recettes différentes sont proposées sur place ou à emporter. De quoi vous faire saisir la différence entre un *Kuchen* et une *Torte*, dont l'équivalent en français est loin de pouvoir se résumer à « gâteau » et « tarte ». Si le soleil est au rendez-vous, trouvez une place à la petite terrasse ou emportez votre part sur les pelouses du parc Gleisdreieck, situé juste à côté.

Yorckstrasse 15 • U Mehringdamm • ☎ 52 66 49 03 • www.mr-minsch-torten.de • Lun.-jeu. 12h-18h30, ven.-dim. 10h-18h30 • Part de gâteau : 3,50 €.

Madang

Coréen 52 Plan D4

On vient chez Madang pour partager un barbecue ou une fondue coréenne à plusieurs convives. Le propriétaire est un puriste : il prendra soin de vous présenter chaque mets, préparé dans les règles de l'art, en vous expliquant la manière de l'assaisonner. C'est sans doute l'un des meilleurs restaurants coréens de la ville.

Gneisenaustrasse 8 • U Gneisenaustrasse et Mehringdamm • ☎ 48 82 79 92 • Facebook : Madang.berlin • T.l.j. 12h-21h30 • Plat : 7-18,50 €.

A. Horn

Brunch 53 Plan E3-4

On passe la porte de cette adresse familiale dès le réveil, pour un petit déjeuner réconfortant. Un creux à midi ? À côté des plats chauds, vous trouverez des salades et des bagels. L'après-midi, on s'y attable pour une pâtisserie ou un chocolat maison (4,50 €). Un bonus : admirez le spectacle par la vitre du fond, le frère du patron répare des vélos dans l'atelier mitoyen.

Carl-Herz-Ufer 9 • U Prinzenstrasse • ☎ 60 05 98 88 • www.ahorn.berlin • Dim.-jeu. 10h30-17h30, ven.-sam. 10h30-22h • Bagel : à partir de 2 €.

Curry 36

Curry Wurst

54 Plan D4

Vous voulez à tout prix enfin goûter une excellente *Curry Wurst* (2 €)? Alors faites comme tout le monde, montrez-vous patient et prenez place dans la file! De jour comme de nuit, tout le monde se presse chez Curry 36... mais il vous faudra manger debout ce que certains considèrent comme la meilleure saucisse au curry de Berlin.

Mehringdamm 36 • U Mehringdamm • ☎ 251 73 68 • www.curry36.de • T.l.j. 9h-5h.

Bars, clubs Sorties

Yorckschlösschen

Club de jazz

34 Plan D4

Décorée d'affiches et de photos consacrées au jazz, cette *Kneipe* traditionnelle se transforme les mercredis, vendredis, samedis et dimanches en club de jazz en été. En hiver, le jeudi le club organise des jam-sessions.

Le reste du temps, faites comme les habitués : venez y boire une bière, faire une partie de flipper et manger des plats copieux et bon marché. S'il fait beau, n'hésitez pas à profiter du *Sommergarten* et de la terrasse.

Yorckstrasse 15 • U Mehringdamm • ☎ 215 80 70 • www.yorckschloesschen.de • Dim.-jeu. 18h-minuit, ven.-sam. 18h-1h (cuisine f. à 22h) • Plat : 3-14 €.

Prince Charles

Club

35 Plan E3

Au sein de l'Aufbau Haus, complexe abritant les bureaux de nombreux créatifs berlinois et quelques boutiques, cette salle de concert est installée dans une ancienne piscine. Une fois la cour intérieure traversée, on accède au bassin qui fait office de bar. Scène reconnue et courue pour la qualité de son sound system qui diffuse de l'électro, du hip-hop et plus rarement du rock. Sa taille humaine et sa déco bien choisie tranchent avec l'esprit « friche industrielle » de la majorité des clubs de la ville.

Aufbau Haus, Prinzenstrasse 85F • U Moritzplatz • ☎ 96 60 70 01 • www.bechstein-network.com • Jours et horaires : voir programme • Entrée : 10-20 €.

Yorckstrasse : Riehmers Hofgarten (p. 114)

Gretchen

Club 36 Plan D3

De l'extérieur, ce club ne paie pas de mine, adossé à une ancienne station-service reconvertie en supermarché bio. Pourtant une fois passée la porte, on pénètre dans une très belle salle voûtée en briques où résonne le son des DJ électro et hip-hop les plus réputés : une référence berlinoise !

Obentrautstrasse 19-21 • U Hallesches Tor • ☎ 25 92 27 02 • www.gretchen-club.de • Voir programme sur le site • Tarifs : 8-12 € pour les soirées organisées par le club.

Hôtels B&B

Nena Bergmannkiez

Studios Plan D4

Quelques studios avec Wifi et kitchenette entre Mehringdamm et la charmante place Chamisso (p. 115).

Fidicinstrasse 44 • U Platz der Luftbrücke • ☎ 1590 400 1547 • www.nena-apartments.de • 79 € le studio de 24 m².

Shopping Cadeaux

Radio Art

Musique 28 Plan E4

Votre lecteur MP3 dernier cri n'a pas effacé le souvenir ému du mange-disque de votre enfance ? Venez donc faire un petit tour dans l'étrange boutique de Horst Dieter Schmahl, au cœur de Kreuzberg. Radios, téléviseurs noir et blanc et tourne-disques de toutes les époques ont été méticuleusement restaurés, et on peut découvrir ici de véritables pièces de musée… Avis aux amateurs ! Les nostalgiques apporteront à l'atelier leurs vieilles radios, platines et magnétophones des années 1930 et 1960.

Zossener Strasse 2 • U Gneisenaustrasse • ☎ 693 94 35 • www.radio-art.de • Jeu.-ven. 13h-17h.

Werkhaus

Maison 29 Plan E3

Les meubles et petits objets de la marque partagent tous une particularité : leurs différents éléments sont maintenus par un ingénieux système d'emboîtement. Ni clou ni colle pour ces tabourets (25 €) et éléments de rangement (pot à crayons en forme d'ancienne VW : 16 €). Inscrite dans une vaste démarche écologique, la marque est attentive à la réduction des déchets, à l'impact écologique de sa production ainsi qu'à la provenance des matériaux.

F. temporairement • Prinzenstrasse 85D • U Moritzplatz • ☎ 61 50 73 77 • www.werkhaus.de • Lun.-ven. 11h-20h, sam. 10h-18h.

NOTRE TOP ADRESSES DESIGN ET DÉCO

On n'y pense pas toujours, mais Berlin excelle dans le domaine du design. Pas seulement celui du Bauhaus : les objets du temps de la RDA font un tabac auprès des collectionneurs. L'esthétique scandinave aussi. Voici les spots les plus craquants.

Schönhauser Design

Des pièces de designers aux petits objets utiles ou décoratifs, tout est sélectionné avec goût.

Voir p. 58, quartier 4.

Manufactum

Un vrai filon sur sept étages, truffé d'objets utiles. En prime, une petite touche années 1950.

Voir p. 101, quartier 9.

Werkhaus

Pour faire le plein d'accessoires ingénieux et d'idées cadeaux écoresponsables et *made in Germany*.

Voir p. 118, quartier 11.

Minimum Charlottenburg

Plus de 50 designers de renom présentent ici leurs créations. Avis aux amateurs !

Voir p. 103, quartier 9.

Trödelmarkt am Arkonaplatz

Une brocante décontractée où l'on glane parfois quelques (bons) souvenirs de l'ex-RDA.

Voir p. 160, quartier 14.

Veb Orange

Une immersion au cœur des années 1960 et 1970, haute en couleur !

Voir p. 162, quartier 14.

Werkhaus

KREUZBERG CÔTÉ EST ET ALT-TREPTOW 12

La partie est de Kreuzberg (entre Kottbusser Tor et Alt-Treptow) fut davantage marquée par le Mur, qui la bordait sur près de 10 km. Excentré et délabré, le quartier dit « SO36 » devint à cette époque le foyer de la contestation et du mouvement alternatif. En parallèle, de nombreux travailleurs turcs s'y installèrent après l'accord économique signé en 1961 entre l'Allemagne de l'Ouest et la Turquie. Désormais au cœur de Berlin, Kreuzberg change petit à petit de visage, mais conserve une population cosmopolite et un esprit frondeur. Au menu : des murs graffités, quelques squats et un immense espace vert à l'arrivée, le Treptower Park.

Engelbecken

1 Oranienstrasse✦✦

Haut lieu du mouvement alternatif, cette artère colorée et animée dégage une atmosphère très particulière. Épiceries et restaurants turcs y côtoient les bars, clubs et boutiques où se donnent rendez-vous de nombreux Berlinois. Ses façades de la fin du XIXᵉ s. ouvrent sur de nombreuses arrière-cours typiques qui abritent encore ateliers et petites entreprises. Au nº 187, la deuxième cour de l'Oranienhof est vraiment très jolie avec ses briques vernissées blanches et vertes.

2 Engelbecken✦

Bassin des Anges

Face à la Michaelkirche s'étend un bassin encerclé de tonnelles autour duquel il est agréable de se promener. Cet espace en contrebas de la rue faisait partie

Oranienstrasse

du Luisenstädtischer Kanal, creusé à partir de 1848 pour relier le Landwehrkanal à la Spree, puis rebouché en 1920. Idéal pour une pause pique-nique au bord de l'eau ou pour un verre au soleil couchant à la terrasse du **Café am Engelbecken**.

En face de la Michaelkirchplatz.

Café am Engelbecken : *www.cafe-am-engelbecken.de • T.l.j. 10h-minuit.*

3 Kinderbauernhof Mauerplatz✦

Bel exemple du dynamisme associatif et créatif berlinois. Gérée par des bénévoles avec trois bouts de ficelle et une motivation à toute épreuve, cette ferme pour enfants, l'une des premières de Berlin, permet aux plus jeunes de côtoyer chèvres, poules, canards, poneys et autres animaux qui semblent parfois exotiques aux petits citadins. Faites comme les habitants du quartier, ne vous arrêtez pas aux apparences un rien piteuses.

Adalbertstrasse 71 ou par Bethaniendamm 61 • www.kbh-mauerplatz.de • Jeu.-mar. 9h-17h (18h avr.-août) • Dons bienvenus.

4 Kunstquartier Bethanien✦✦

Quartier des arts de Béthanie

Il fut un temps où l'ancien hôpital de Béthanie se trouvait au bout du monde… Menacé de destruction, puis objet d'occupations sauvages, ce vaste édifice néogothique (1847) fut transformé en centre culturel dans les années 1970. Doté aujourd'hui

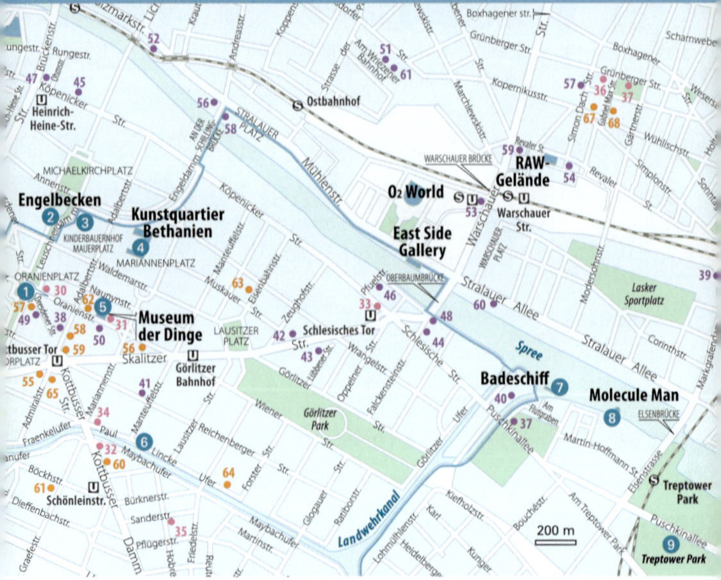

de 16 ateliers d'artiste, il organise des manifestations de toute nature : expos, performances, etc. Sur la même place se dresse l'**église Saint-Thomas,** un majestueux édifice de brique (1869) où se mêlent éléments néoclassiques et néoromans. Elle a longtemps été le plus grand lieu de culte de Berlin.

Mariannenplatz 2 • www.kunstquartier-bethanien.de • T.l.j. 12h-18h.

5 Museum der Dinge✦✦

Musée des Objets

Des barrettes à cheveux aux chaises, en passant par des salières, des téléphones, des ventilateurs et des robots mixeurs, tout y est ! Ce petit musée, aménagé dans un ancien atelier de 500 m^2, a accumulé les objets de consommation de masse des XXe et XXIe s. pour raconter de façon ludique une certaine histoire du design industriel, très joliment muséographiée. Des expositions viennent compléter l'offre de la collection permanente, et des ateliers pour les enfants sont régulièrement organisés. Allez-y en famille, partage de souvenirs garanti !

Oranienstrasse 25, 3e ét. • ☏ 92 10 63 11 • www.museumderdinge.org • Jeu.-lun. 12h-19h • Entrée : 6 €.

Quais du Landwehrkanal

6 Fraenkelufer et Paul-Lincke-Ufer✦✦

Plantés de grands arbres, les quais qui longent le **Landwehrkanal** sont paisibles et bourrés de charme. Les grandes façades en verre et les balcons fantaisistes des immeubles modernes voisinent avec les riches façades bourgeoises des demeures de la fin du XIXᵉ s. Le Paul-Lincke-Ufer est bordé d'excellents restos (Horváth au nº 44) et de bars chaleureux (La Lucha aux nºˢ 39-41), et le quai offre une longue promenade verdoyante aux piétons et aux cyclistes.

Pause citoyenne : Südblock

En bordure du métro, ce bar-restaurant et sa grande terrasse résument bien l'effervescence de « Kotti » (appellation familière de Kottbusser Tor, place animée du quartier). Toutes générations et communautés se retrouvent ici pour une pause-café tardive ou un concert le soir. Une adresse résolument ancrée dans la vie du quartier !

55 Plan E3 • *Admiralstrasse 1-2* • *60 94 18 53* • *www.suedblock.org* • *T.l.j. 17h-23h* • *Plat du jour : 6,50 €.*

7 Badeschiff✦

Vous avez votre maillot de bain ? Cap sur le « bateau-bain » amarré aux berges de la Spree ! Depuis qu'il a été relooké par des architectes de Tenerife, il est d'un bleu turquoise incroyable. Pour un peu, on se croirait dans un tableau de David Hockney. Attention : les transats, gratuits, ne peuvent être réservés : premier arrivé, premier assis !

La meilleure heure ? Tôt le matin pour enchaîner ses longueurs tranquillement ; l'après-midi pour bronzer ; le soir pour siroter un drink ou danser pieds nus dans le sable…

Eichenstrasse 4 • ☏533 20 30 • www.arena.berlin • Mai-sept. : t.l.j. 8h-minuit • Entrée : 7 € (valable 1 j.).

8 Molecule Man✦✦

L'Homme-Molécule

Le chemin qui longe la Spree entre le Badeschiff et le pont Eselbrücke offre une belle vue sur une nouvelle icône urbaine qui semble flotter au milieu des eaux : *L'Homme-Molécule* (1999). Cette sculpture en aluminium, de 30 m de hauteur, conçue par l'Américain Jonathan Borofsky, symbolise les retrouvailles entre trois anciens arrondissements voisins trop longtemps séparés par le mur : Kreuzberg, Friedrichshain et Treptow.

An den Treptowers • Accès libre.

9 Treptower Park✦✦

Aménagée depuis 1876, la coulée de verdure qui s'étire à l'est de Kreuzberg n'est pas seulement un parc propice à la détente. C'est aussi, depuis 1949, un lieu de mémoire : si vous marchez jusqu'au milieu du bois, vous découvrirez là le plus vaste mémorial qu'ait construit l'Armée rouge en dehors de l'Union soviétique. Hommage aux 7 000 soldats morts en mai 1945 pour libérer Berlin, ce monument (**Sowjetisches Ehrenmal**) frappe par son pathos tout stalinien. À ne pas manquer : la statue du soldat qui foule du pied la croix gammée et celle de la mère patrie en deuil (sculpteur : E.W. Wutschetisch).

Entre Puschkinallee et Am Treptower Park • Accès libre.

Infos pratiques

Pour raccourcir le trajet entre U Schlesisches Tor et le parc de Treptow, prenez le bus 165 et descendez à l'arrêt Herkomerstrasse, sur le côté sud du parc. Attention : l'avenue est à sens unique ! Pour retourner vers Schlesisches Tor, il suffit de traverser à pied le parc jusqu'à l'arrêt Sowjetisches Ehrenmal, sur le côté nord. Le bus 265 vous y conduira en 7 min.

Restos | Bars | Hôtels | Shopping | Activités

Restos Bistrots

Amrit

Indien 56 Plan E3

Ce restaurant très couru est l'une des adresses incontournables de Kreuzberg. Son secret ? Des plats copieux et des petits prix ! Essayez par exemple les tandooris servis sur un gril… vraiment délicieux. À accompagner de cocktails avec ou sans alcool (à partir de 4,50 €).

Oranienstrasse 204 • U Görlitzer Bahnhof • ☎ 612 55 50 • www.amrit.de • Dim.-jeu. 12h-minuit, ven.-sam. 12h-1h • Tandoori : à partir de 9 €.

Ora

Brasserie 57 Plan E3

Le décor de cette brasserie est celui d'une pharmacie vieille d'un siècle et demi. Le comptoir et les étagères en bois agrémentées de nombreux flacons ont été conservés pour créer une atmosphère hors du commun. À la fois chaleureux et lumineux, ce lieu propose viennoiseries maison, plats cuisinés avec des produits régionaux, alternative végane et un grand choix de cocktails.

Oranienplatz 14 • U Moritzplatz • ☎ 54 86 10 70 • www.ora.berlin • Mer. 18h-minuit, jeu.-sam. 12h30-22h, dim. 16h-23h • Plat : 6-16 € à la carte; menu : 35-50 €.

Hasir

Turc 58 Plan E3

Comme la rue est très animée le soir, il vous faudra parfois vous armer de patience, car ici on fait la queue pour déguster un *Döner Kebab*. Très fréquenté par les Turcs, le restaurant attenant propose également des entrées froides ou chaudes, des brochettes, des légumes farcis et des plats à base d'agneau. C'est bon, convivial et bon marché.

Adalbertstrasse 10 • U Kottbusser Tor • ✆ 61 65 92 22 • www.hasir.de • T.l.j. 24h/24 • Plat principal : 16,50 € ; entrée : 7,50-8,50 €.

Burgermeister

Burgers 59 Plan E3

Ce snack se nomme le « champion du burger » en clin d'œil à son homonyme *Bürgermeister* qui signifie « le maire de la ville ». Originellement installée dans un kiosque au métro Schlesisches Tor, cette institution s'est dotée d'un second quartier général bien plus grand, tout en conservant l'ambiance du U-Bahn pour la déco ! Que vous soyez carnivore ou végétarien, voici une des meilleures adresses pour manger un burger sur le pouce jusque tard dans la nuit.

Skalitzer Strasse 136 • U Kottbusser Tor • ✆ 40 36 45 320 • www.burger-meister.de • Facebook : Burgermeister-Kottbusser-Tor • Lun.-jeu. 11h-minuit, ven.-sam. 11h-2h, dim. 12h-minuit • Burger : 4,50-8 € ; frites : 3-4 €.

Ankerklause

Café 60 Plan E4

Avec ses airs de guinguette, ce bar qui surplombe le Landwehrkanal est plutôt touristique. L'originalité du lieu réside avant tout dans sa terrasse, qui offre un point de vue exceptionnel sur le canal et les berges environnantes. C'est un lieu assez magique pour se détendre, notamment après avoir arpenté le marché turc voisin.

Kottbusser Damm 104 • U Schönleinstrasse • ✆ 693 56 49 • www.ankerklause.de • Lun.-jeu. 10h-3h, ven.-sam. 10h-4h, dim. 10h-1h • Petit déjeuner anglais : 7,50 €.

Ankerklause

Cocolo Ramen X-Berg

Japonais 61 Plan E4

La cuisine asiatique est très appréciée par les Berlinois, du Vietnam au Japon en passant par la Corée. On vient ici pour déguster une soupe de *ramen* (pâtes japonaises), assis face à la cuisine ouverte ou sur une longue table à partager. Des recettes traditionnelles variées, végétariennes ou pas, qui sont un vrai régal dès la première cuillère de bouillon. Cocolo a une petite sœur à Mitte (Gipsstrasse 3 – plan H6), mais le local est étroit et généralement bondé. Pas de réservation possible.

Graefstr. 11 • U Schönleinstrasse • 98 33 90 73 • www.kuchi.de/restaurant/cocolo-x-berg • Lun.-sam. 12h-21h • Soupe : 11-13 €.

Smyrna Kuruyemis

Pâtisserie turque 62 Plan E3

Pistaches, amandes, raisins secs, pâte douce de carotte, etc. à croire que toutes les saveurs sucrées du Bosphore se sont donné rendez-vous au n° 27 de l'Oranienstrasse ! Avec succès : Berlinois et expats se pressent dans cette « ambassade gourmande » de la Turquie pour grignoter du *sekerli zencefil* (gingembre confit), assorti d'un thé à la menthe ou d'un petit moka noir... Dépaysement garanti !

Oranienstrasse 27 • U Kottbusser Tor • Facebook : Smyrna Kuruyemis • 61 10 71 81 • T.l.j. 9h-2h.

Markthalle Neun

Marché 63 Plan F3

Pour les adeptes de produits frais, cette halle de marché est ouverte les vendredis et samedis, mais organise aussi chaque jeudi soir (hors crise sanitaire...) un marché nocturne de *street food* très prisé des habitants, donc très fréquenté ! S'il est difficile de trouver une place assise, faites comme tout le monde : mangez debout en déambulant dans les allées et en observant les étals.

Eisenbahnstrasse 42/43 • U Görlitzer Bahnhof • 61 07 34 73 • www.markthalleneun.de • Jeu. 17h-22h, ven. 10h-18h et sam. 12h-18h.

Volt

Gastronomique 64 Plan F4

Ce restaurant haut de gamme doit son nom à l'ancienne centrale électrique des années 1920 où il s'est installé. La déco brute met en valeur les assiettes du chef Matthias Gleiss. Le menu change à chaque saison. Vous pouvez choisir les plats que vous pensez intéressants sur leur site. Comptez 79 € pour un menu cinq plats.

Paul-Lincke-Ufer 21 • U Schönleinstrasse • 33 84 023 20 • www.restaurant-volt.de • Jeu.-dim. 18h-23h • Plat : 17-38 €.

Doyum Grillhaus

Turc 65 Plan E3

La cuisine turque est très présente à Berlin et

particulièrement à Kreuzberg ! Pour manger un kebab ou tout autre plat de viande grillée, faites confiance à ce restaurant joliment décoré de carreaux orientaux et largement fréquenté par des Turcs. Restauration possible sur place ou à emporter, pourquoi pas ? Sur les quais du canal : vous n'aurez qu'à descendre l'Admiralstrasse pour être au bord de l'eau et savourer un délicieux kebab !

Admiralstrasse 36-37 • U Kottbusser Tor • ☎ 61 65 61 27 • www.doyum-restaurant.de • T.l.j. 6h-minuit • Plat : à partir de 12,50 €.

Bars, clubs Sorties

Club der Visionaere

Bar — 37 Plan F3

Grâce à sa programmation minimale intéressante et surtout à sa situation idyllique sur les berges de la Spree, ce club est le chouchou des Berlinois pour boire un verre l'après-midi ou faire la fête jusqu'au petit matin, « les pieds dans l'eau ». Pour plus de « magie » (et surtout moins d'affluence), préférez les soirs de semaine et les après-midi.

Am Flutgraben • U Schlesisches Tor • ☎ 69 51 89 42 • www.clubdervisionaere.com • Ouvert aux beaux jours, mai-oct., lun.-ven. 14h-open end, sam.-dim. 12h-open end • Entrée : 3-5 €; bière : 3 €.

Cafe am Kötti

Bar — 38 Plan E3

Un bar devenu populaire malgré lui, dans le quartier multiculturel de Kottbusser Tor. Ouvert par un réfugié politique turc, Cafe am Kötti est un bar à l'ambiance authentique, les dessins au plafond et la vue imprenable sur la place de Kottbusser Tor (le bar est en hauteur) ajoutent un charme indéniable à ce lieu où l'on se sent comme à la maison.

Adalbertstrasse 96B • U Kottbusser Tor • ☎ 017 36 17 32 26 • T.l.j. 9h-1h.

://about blank

Club — 39 Plan HP par F3

Certains disent qu'il s'agit d'un mini-Berghain. L'entrée est en tout cas bien plus facile. Niché dans une ancienne bâtisse industrielle laissée dans son jus, à deux pas d'Ostkreuz, ://about blank abrite des soirées techno décadentes, avec, l'été, un dance-floor dans le jardin de l'arrière-cour. Un endroit complètement barré mais qui vaut le détour !

Markgrafendamm 24C • S Ostkreuz • Jeu.-dim. à partir de 23h • Entrée : 10-15 € • Tous rens. sur Facebook : @aboutblank.li.

Freischwimmer

Bar — 40 Plan F3

Par beau temps, cette « guinguette » au bord de l'eau est littéralement prise d'assaut. Moins pour les snacks que l'on peut y grignoter en terrasse

(grillades, *Flammkuche*...) que pour son atmosphère jeune et ultra-décontractée. La carte des boissons est créative : grogs jamaïcains, limonade chaude de canneberges, sirop de sureau menthe et limette (Hugo : 6,50 €), etc.

Vor dem Schlesischen Tor 2A (Am Flutgraben) • U Schlesisches Tor • 61 07 43 09 • www.freischwimmer-berlin.com • Lun.-ven. 12h-15h, brunch sam.-dim. dès 10h, barbecue t.l.j. à partir de 16h • Buffet : 10-15 €; verre de prosecco : 5,50 €; mojito : 8,50 €.

Lugosi

Bar 41 Plan F3

Dans une rue un peu à l'écart des Skalitzer Strasse et Oranienstrasse parfois trop animées le soir, ce bar à la décoration sobre et subtile sert de bons cocktails à siroter à la lueur de la bougie. Malgré un fond musical agréable et une ambiance feutrée, vous préférerez peut-être profiter de la terrasse si le temps le permet.

Reichenberger Strasse 152 • U Görlitzer Bahnhof • 0176 30 44 45 05 • Facebook : Bar.Lugosi • T.l.j. 19h-1h • Long drinks : 9-11 €.

Privat Club

Club 42 Plan F3

Vous voulez danser, mais vous n'êtes pas trop branché musique électronique ? Ce club est fait pour vous ! Hip-hop, punk, soul, indie pop, indietronic, wave, rock, swing, house, etc. la programmation est très éclectique, mais pointue, l'ambiance bon enfant, et le cadre (une ancienne poste) séduisant.

Privat Club

Des concerts ont lieu avant les DJ sets du week-end ainsi que certains soirs de semaine. Surveillez le site pour connaître la programmation et choisir l'ambiance de votre soirée.

Skalitzer Strasse 85-86 • U Schlesisches Tor • ☏ 61 67 59 62 • www.privatclub-berlin.de • Soirées : ven.-sam. à partir de 23h • Concerts selon programmation • Entrée : 0-25 € • Bière : dès 3,50 €; long drink : dès 6,50 €.

Madame Claude

Bar/concerts 43 Plan F3

Chaises, lampadaires et tables au plafond : c'est dans ce cadre sens dessus dessous et les salles attenantes que s'organisent concerts, soirées quiz et sets conviviaux. Attention, ouvert par trois Français, le bar est un nid de *Franzosen*!

F. temporairement • Lübbener Strasse 19 • U Schlesisches Tor • ☏ 98 44 27 30 • www.madameclaude.de • T.l.j. 19h-3h • Entrée : 2-8 € (3-8 € avec concerts le w.-e.) • Bière : à partir de 3 €.

Wendel

Bar 44 Plan F3

Un bar chaleureux, principalement fréquenté par des étudiants en art et des habitants du quartier. Sur les murs de béton brut, des graffitis et une réflexion générale sur l'environnement urbain. Les meubles sont chinés, et les canapés usés côtoient la porcelaine fine. Des performances sont très régulièrement organisées (jazz, rock, DJ...). Un bon point de départ avant une soirée dans ce quartier largement consacré à la nuit.

Schlesische Strasse 42 • Ⓤ Schlesisches Tor • ☎ 61 07 40 29 • www.wendel.nstp.de • T.l.j. 16h-open end • Entrée gratuite • Bière : 4,50 €; cocktail : à partir de 6 €.

Tresor

Club

45 Plan I8

Ce club pionnier, ouvert en 1991, est une référence dans le milieu électro. Installé dans une ancienne centrale électrique, son dance-floor est au bout de l'immense couloir enfumé, signature du lieu. On y danse principalement sur de la techno plutôt « dure ». Public de clubbers chevronnés.

F. temporairement • Köpenicker Strasse 70 • Ⓤ Heinrich-Heine-Strasse • ☎ 62 90 87 50 • www.tresorberlin.com • Lun., mer., ven. sam. minuit-open end • Entrée : 8 € en semaine; 15 € le w.-e. • Bière : 4 €.

Flux Bau

Club

46 Plan F3

Cette salle de concert est la vitrine nocturne de la radio indépendante Flux FM, incarnation de la scène musicale berlinoise. Vous y profiterez d'une belle soirée dans une ambiance rock et décontractée, mais aussi de programmations diurnes selon les circonstances ! L'atout principal de cette salle – après la musique – est sa jolie terrasse aménagée au bord de la Spree. Programmation pointue et tarifs abordables pour un lieu unique !

Pfuelstrasse 5, cour intérieure • Ⓤ Schlesisches Tor • ☎ 0157 58 09 37 13 • www.fluxfm.de • Facebook : Fluxbau • Jours et horaires : voir programme • Prix variable (selon programmation).

Sage Club

Club

47 Plan I8

Ne vous fiez pas à son nom, l'endroit n'a rien de très sage ! Dans un décor postmoderne rehaussé de tentures colorées, plusieurs bars et pistes de danse vous ouvrent les bras. Selon les soirs, la musique varie du rock à la techno en passant par la house. L'endroit est très en vogue pour les afters.

F. temporairement • Köpenicker Strasse 76 • Ⓤ Heinrich-Heine-Strasse ou bus N8 • www.sage-club.de • Jeu. à partir de 20h • Entrée après 22h : 8 €.

Wendel

Watergate

Club 48 Plan F3

Posée en bord de Spree, cette boîte est un des hauts lieux de la musique minimale, électro caractéristique de Berlin. La plupart des pointures internationales et clubbers en goguette sont passés par là. Si la programmation est optimale, le lieu vaut également le détour avec ses vastes baies vitrées sur le fleuve, sa terrasse pour souffler et son plafond de leds pour l'onirisme. Popularité oblige, la file d'attente peut être (très) longue, surtout le samedi.

Falckensteinstrasse 49 • U Schlesisches Tor • ☎ 61 28 03 94 • www.water-gate.de • Mer.-sam. 19h-open end • Entrée : 10-20 € • Bière : 4 €; cocktail : 7 €.

Würgeengel

Bar 49 Plan E3

Bel endroit pour buller et discuter, un cocktail à la main. La carte mêle les classiques à une sélection mixologique inventive. Le cadre est élégant, mais sans prétention, et les prix sont à l'image du lieu : de 7,50 € (pour une margarita) à 10,50 € pour les cocktails au champagne. Possibilité de grignoter.

Dresdener Strasse 122 • U Kottbusser Tor • ☎ 61 55 560 • www.wuergeengel.de • T.l.j. 19h-open end • Long drink : dès 8,50 €; cocktail : dès 9,50 €.

SO36

Club 50 Plan E3

Haut lieu de la scène punk des années 1980, c'est aujourd'hui LA boîte de Kreuzberg. Les soirées à thème réunissent une clientèle mixte, mais sachez que la boîte est gay et que certaines soirées sont très chaudes. Ne ratez pas le Rollerdisco le 3e lundi du mois ! Programme sur le site et dans les magazines *Zitty* et *Blu*.

Oranienstrasse 190 • U Görlitzer Bahnhof ou bus M29, N8 et N29 • ☎ 61 40 13 06 • www.so36.de • Concerts et soirées mar.-sam. à partir de 21h • Bière : à partir de 4 €.

Shopping Cadeaux

O-Ton Keramik

Décoration 30 Plan E3

Derrière une ravissante façade carrelée aux tons bleus et verts, Claudia Schöpping présente ses céramiques fines. Théières, bols, assiettes ou bougeoirs attendent sagement que vous veniez faire votre choix. L'atelier est à l'arrière de la boutique.

Oranienstrasse 165A • U Kottbusser Tor ou Moritzplatz • ☎ 615 38 66 • www.o-ton-keramik.de • Lun.-ven. 12h-19h, sam. 11h-18h.

Lebensmittel Hillmann

Épicerie fine 31 Plan E3

Rien de tel qu'une épicerie de quartier pour trouver spécialités et produits quotidiens des Berlinois. Cette boucherie-supérette propose notamment tout un choix de charcuteries et de fromages. Les jambons et les nombreuses variétés de saucisses (*Wiener* : 16 €/kg) vous mettront l'eau à la bouche.

Oranienstrasse 20 • U Kottbusser Tor • ☎ 61 45 644 • www.lebensmittel-hillmann.de • Lun.-ven. 10h-19h, sam. 10h-15h.

Türkenmarkt am Maybachufer

Marché 32 Plan E3-4

Sur la rive gauche du Landwehrkanal, des familles entières viennent retrouver un peu de leur Turquie natale. Si les étals de fruits et légumes ne diffèrent pas franchement d'un marché occidental, vous y trouverez néanmoins nombre de spécialités (falafels, épices et pâtisseries) et surtout une atmosphère unique. Que vous remplissiez ou non votre panier en osier, il est toujours dépaysant de déambuler dans une cohue bon enfant entre marchands de produits frais et vendeurs de savons d'Alep ou de tissus au mètre. Et, en plus de quelques épices, peut-être rapporterez-vous une paire de babouches (15 €) ou un foulard chatoyant.

Maybachufer • U Schönleinstrasse ou bus 140 • www.tuerkenmarkt.de/maybachufer • Mar. et ven. 11h-18h30.

Overkill Shop

Chaussures 33 Plan F3

Une institution pour les amateurs de streetwear et de baskets des deux sexes. Dans le premier espace, une large sélection de vêtements et de sneakers de

Hard Wax

grandes marques, comme Nike, New Balance, Adidas, ou Asics, éditions limitées en prime. À l'étage, des collections plus confidentielles avec Hut, Looky Looky et Undefeated. En bonus : le bâtiment attenant est consacré à l'art de la rue et vend du matériel pour graffitis et des ouvrages de référence sur le street art.

Köpenicker Strasse 195A • U Schlesisches Tor • ☎ 61 07 66 33 • www.overkillshop.com • Lun.-sam. 11h-20h.

Hard Wax

Musique 34 Plan E3

Labels allemands et anglais, européens et américains, Hard Wax a la réputation d'offrir un choix peu commun (techno,

Paddle sur la Spree

drum'n'bass, house, reggae et new wave, à partir de 9 € le vinyle) et quelques raretés.

Paul-Lincke-Ufer 44A (2e cour, esc. A, 3e étage) • U Kottbusser Tor • ☎ 61 13 01 11 • www.hardwax.com • Lun.-sam. 15h-20h.

Sing Blackbird

Vintage 35 Plan F4

Mieux qu'une charmante friperie à la sélection judicieuse, une charmante friperie regorgeant de pépites vintage et d'un café ! Lieu de passage et de rencontre, la boutique propose un assortiment de pièces tout droit débarquées des années 1970, 1980 et 1990. Diana (ancienne de chez BMW) et Tasha (créatrice new-yorkaise) veulent proposer du moyen de gamme : comprendre de l'ultraqualitatif à prix tout à fait raisonnables (pour 30-40 €, repartez avec une robe que vous ne verrez pas ailleurs).

Sanderstrasse 11 • U Schönleinstrasse • ☎ 54 84 50 51 • Facebook : singblackbird/timeline • Lun.-sam. 13h30-19h30.

Activités Détente

StandUpClub

Paddle Plan HP par F3

Pagayer debout en plein cœur de Berlin, c'est possible ! Le club de paddle du Badeschiff, situé à 7 min à pied de la station de S-Bahn Treptower Park, accueille débutants et confirmés pour des séances de glisse sur la Spree.

Station S Treptower Park • ☎ 030 54 03 11 23 • www.standupclub.de • Cours à partir de 15 € • Location à partir de 15 €/h).

SUR LE POUCE : LE BEST DES ADRESSES

L'*Imbiss*, littéralement « casse-croûte », permet de manger à toute heure : de la célèbre *Curry Wurst*, une saucisse grillée recouverte de sauce tomate au curry, au *Döner Kebab* d'origine turque. Au-delà de ces deux institutions, de nouvelles adresses ouvrent chaque semaine, réinterprétant le burger, la cuisine polonaise ou coréenne...

Shiso Burger

Des burgers à la mode coréenne, un mélange réjouissant à ne pas manquer.

Voir p. 51, quartier 4.

Koshary Lux

Les meilleures recettes orientales du Maroc au Liban en passant par l'Égypte.

Voir p. 97, quartier 9.

Curry 36

La saucisse au curry la plus prisée de Berlin. Soyez patient, la file est longue...

Voir p. 117, quartier 11.

Burgermeister

De délicieux burgers à manger sur le pouce dans l'ambiance bruyante d'une station de métro.

Voir p. 126, quartier 12.

Markthalle Neun

Chaque jeudi soir, le *street food market* le plus couru de la ville.

Voir p. 127, quartier 12.

Konnopke's Imbiss

On ne peut quitter la ville sans avoir goûté la *Curry Wurst* préparée ici !

Voir p. 156, quartier 14.

Burgermeister au métro Schlesisches Tor

BALADES STREET ART DE KREUZBERG À FRIEDRICHSHAIN

À Berlin, deux quartiers attirent comme un aimant les adeptes du street art : Kreuzberg et Friedrichshain. Toutes sortes de décors y fleurissent, certains rebelles, d'autres sponsorisés, réalisés par des collectifs berlinois ou des graffeurs internationaux. Pour vous aider à dénicher les moins éphémères, voici une petite balade au royaume des pochoirs, murals, tags et collages. Levez les yeux : ici, c'est l'imagination qui est au pouvoir !

Côté Kreuzberg

Dès la sortie du M° Kottbusser Tor, vous serez dans le vif du sujet : face au nº 8 de Mariannenstrasse, Victor Ash a peint (2007) un **Cosmonaute** qui donnait l'impression de tenir dans sa main le drapeau publicitaire planté sur le parking d'à côté. Le fanion a disparu – l'illusion aussi –, mais le cosmonaute est toujours en apesanteur ! Changement de décor à l'angle de la rue Manteuffel (Oranienstrasse 2A) : le Belge Roa l'a recouvert d'animaux morts (**Nature Morte**) pour dénoncer les méfaits de l'homme sur la nature. De Görlitzer Bahnhof, le métro vous dépose à Schlesisches Tor, à deux pas du Oppelner Strasse 3, où deux stars du street art brésilien connues sous le pseudo Os Gêmeos – ils sont jumeaux – ont campé un **Homme jaune** (2005) faussement naïf. La Köpenickerstrasse recèle aussi quelques pépites, comme **Engeika** de l'Irlandais Finbarr Dac au nº 9 (2019) et **The Wall** de l'Italien Blu au nº 11, qui montre comment le mur de Berlin s'est transformé en billets de banque.

Informations pratiques

Départ : M° Kottbusser Tor (lignes U1 ou U3).
Arrivée : M° Warschauer Strasse (lignes U1, U3, S3, S5, S7 ou S9).
Durée : 2h30 aller simple.
Pour prolonger l'expérience : Good Morning Berlin organise avec talent des balades de 3h en français, hors des sentiers battus, au cœur du street art et des quartiers de l'Est berlinois (www.goodmorningberlin.com).
Conseil : vous pourrez prendre le métro entre deux murals pour éviter de tout faire à pied.

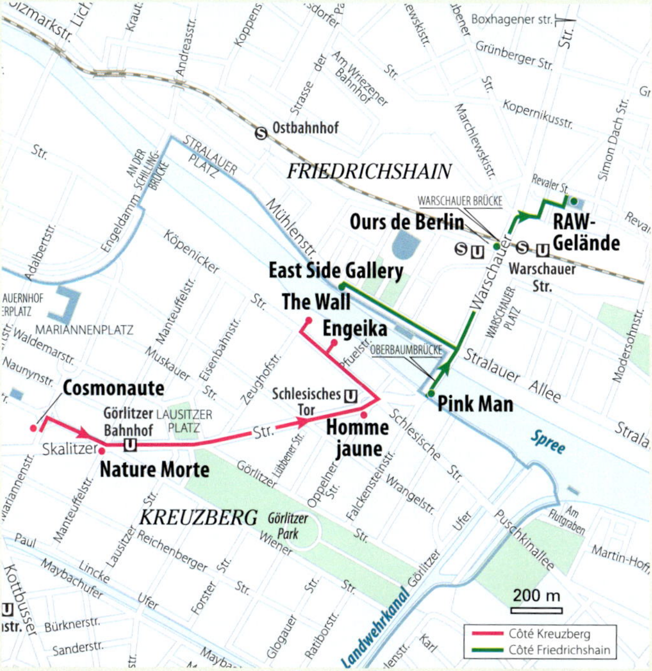

Côté Friedrichshain

Blu a réalisé d'autres murals à Berlin, tout aussi militants et corrosifs. Vous en verrez un, célébrissime, à l'entrée de l'Oberbaumbrücke, côté droit : **Pink Man** (2007), monstre rose aux yeux vides sur le point d'engloutir un énième petit bonhomme –, un symbole des régimes totalitaires ? À l'autre bout du pont vous attend l'**East Side Gallery** (p. 141) et son long ruban de béton tapissé de fresques pacifistes, peintes à la bombe et au pinceau. Il vous reste encore un peu d'énergie ? Après un court arrêt sur le pont Warschauer Brücke pour saluer, au pied de l'escalier de l'East Side Mall, l'**Ours de Berlin** des frères Klingner (2018), qui hésite entre Trabant et Volkswagen, mettez le cap sur la Revaler Strasse : avec ses graffs signés One United Power et Berlin KidZ, le **RAW-Gelände** (p. 140) est un festival de street art à lui seul !

FRIEDRICHSHAIN ET L'EAST SIDE GALLERY

13

Remodelé après-guerre par les communistes, cet ancien faubourg ouvrier proche du centre résume à lui seul les métamorphoses que connaît Berlin depuis plusieurs années. La modicité de ses loyers et son atmosphère unique séduisent les artistes et les stylistes, les bars et les restaurants, sans oublier les clubs, qui apprécient ses usines désaffectées. À l'Est, il y a vraiment du nouveau!

Volkspark : la Märchenbrunnen

1 Volkspark Friedrichshain✦✦

Parc public de Friedrichshain

On peut dire que ce grand coin de verdure est en quelque sorte sous la protection des fées.

En 1840 d'abord, le roi Frédéric-Guillaume IV, dans un grand élan de générosité, dota les quartiers populaires de l'Est berlinois d'un vaste parc.

Ludwig Hoffmann ensuite, au début du XXe s., dessina la fontaine néobaroque à l'entrée, dont les bassins sont ornés d'une centaine de personnages tirés des œuvres des frères Grimm et dont le nom *(**Märchenbrunnen**)* signifie « fontaine des contes de fées ». En hiver, les statues sont protégées des intempéries par des cabanes en bois, il s'avère un peu plus difficile de les apercevoir.

Troisième fée, la personne qui eut la belle idée d'installer au bord d'un plan d'eau, au pied d'une colline artificielle, le **Café Schönbrunn**.

Karl-Marx-Allee

Café Schönbrunn : *Am Friedrichshain • ☏ 453 05 65 25 • www.schoenbrunn.net • En été t.l.j. 10h-minuit, en hiver mer.-jeu. et dim. 10h-19h, ven.-sam. 10h-22h • Plat : 14-25 €.*

② Karl-Marx-Allee⁺⁺⁺

Bordée d'immeubles monumentaux et quasiment identiques, cette avenue longue de 2,6 km est pour le moins impressionnante. Édifiée entre 1951 et 1960, baptisée « Stalinallee » jusqu'en 1961, elle témoigne du rôle majeur des programmes d'urbanisation dans la compétition Est-Ouest. Répondant à la volonté socialiste de construire des logements en centre-ville, elle fut la vitrine du régime qui y présentait ses parades militaires chaque année.

D'ouest en est

À vélo ou à pied, parcourez l'Allee depuis la station Schillingstrasse jusqu'à Frankfurter Tor, en passant tout d'abord devant le **Kino International** (n° 33) et l'ancien Café Moskau juste en face. Vous pourrez faire une pause au célèbre **Café Sibylle** (n° 72), à l'ancienne librairie **Karl Marx Buchhandlung** (n° 78) ou à la boutique **Original in Berlin** spécialisée dans le design scandinave (n° 83). Les fans de jeux vidéo s'empresseront eux de découvrir le **Computerspielemuseum** au n° 93A.

Café Sibylle : *Lun. 11h-18h, mar.-dim. 10h-18h.*

Computerspielemuseum : *T.l.j. 10h-20h.*

Enfin, si la route vous paraît trop longue… n'hésitez pas à emprunter la ligne 5 du métro !

③ RAW-Gelände✦✦

Ce terrain longeant les rails du S-Bahn, dont l'ancien propriétaire n'est autre que la compagnie ferroviaire Deutsche Bahn, est le centre névralgique de clubs parmi les plus fréquentés de la ville. Les entrepôts de la friche industrielle abritent aussi des expositions et des festivals comme à Urban Spree (p. 145), un **marché aux puces** chaque dimanche (9h-17h), un cinéma en plein air l'été (Cassiopeia), un skatepark et des murs d'escalade ! Une balade à ne pas manquer pour les amateurs de street art, notamment, et pour ceux que le bouillon de culture berlinois interpelle tout simplement.

Revaler Strasse 99.

④ Oberbaumbrücke✦

Construit à la fin du XIXe s., ce pont majestueux flanqué de deux tours est le plus long et le plus célèbre de Berlin. Édifié en brique rouge dans le style néogothique alors à la mode, il peut être traversé sur deux niveaux, dont un réservé au métro. Belle revanche pour ce point de passage Est-Ouest, que seuls pouvaient emprunter les piétons munis d'une autorisation.

5 East Side Gallery⁺⁺⁺

C'est le plus long morceau de Mur restant dans Berlin, long de 1,3 km. En 1990, quelques mois après sa « chute », 118 artistes originaires d'une vingtaine de pays ont peint sa face orientale sur le thème de la division de l'Allemagne et de son unité retrouvée. Reliant l'Oberbaumbrücke à la gare Ostbahnhof en longeant la Spree, cette fresque demeure hautement symbolique et emblématique de la fin de la guerre froide.

Œuvres célèbres

Les artistes ayant réalisé les fresques sont pour la plupart membres de l'association chargée de la préservation du site désormais protégé. Certaines œuvres sont devenues de véritables motifs de cartes postales repris dans le monde entier, comme le baiser de Leonid Brejnev et Erich Honecker à l'occasion des 30 ans de la RDA en 1979, repris par le peintre russe Dmitri Vrubel, ou la voiture Trabant traversant le mur, peinte par Birgit Kinder.

East Side Gallery

The Wall Museum East Side Gallery

Juste derrière l'East Side Gallery et avant le pont a ouvert, en 2016, ce musée consacré à l'histoire du Mur. Malgré les efforts d'une présentation multimédia attractive, le contenu arrangé dans un labyrinthe de salles étriquées n'est pas à la hauteur des espérances. Pour en apprendre davantage sur la complexité du quotidien des Berlinois à l'ère du rideau de fer, rendez-vous au mémorial du Mur situé sur la Bernauer Strasse (p. 50).

Pause alternative : Café Tasso

Le Tasso n'est pas un simple « café », mais un lieu convivial qui organise des concerts, prépare du riz basmati aux petits légumes bio, et vend (t.l.j. sauf le dim. et j.f.) des livres d'occasion, en français aussi, à 1,50 €, que l'on peut feuilleter en terrasse, sur un transat ou une chaise pliante.

66 **Plan HP par F2** • *Frankfurter Allee 11* • *✆48 62 47 08* • *www.cafe-tasso.de* • *T.l.j. 9h30-20h (17h dim.), la cuisine ferme à 17h* • *Plat : 4-12,50 €.*

Wall Museum : *Mühlenstrasse 78-80 • ☎ 94 51 29 00 • https://thewallmuseum.com • T.l.j. 10h-19h • Entrée : 12,50 €.*

6 Stasimuseum*

Surveillance, manipulations, contre-espionnage, torture, etc. : le musée aménagé sur trois étages à l'intérieur de l'ancien ministère de la Sûreté de l'État, fait froid dans le dos, mais il donne un bon aperçu des méthodes de travail de la police secrète de la RDA. Si vous avez vu *La Vie des autres*, vous reconnaîtrez sans peine certains bureaux (plusieurs scènes du film y ont été tournées). Une partie des archives de la Stasi – 41 millions de fiches et 111 km de dossiers – est conservée dans le bâtiment d'à côté (le nº 7).

Ruschestrasse 103 (bâtiment nº 1) • ☎ 553 68 54 • www.stasimuseum.de • Lun.-ven. 10h-18h, sam.-dim. 11h-18h • Entrée : 8 € • Archives : vis. guidées gratuites, rens. www.einblick-ins-geheime.de.

Restos | Bars | Hôtels | Shopping | Activités

Restos Bistrots

Datscha

Russe 67 Plan HP par F3

Dans ce café qui s'affiche en caractères cyrilliques, on se veut « postsoviétique ». De sorte que le menu commence par un… règlement intérieur ! Petite restauration russe à prix doux : *pelmeni* « raviolis » farcis au bœuf et à la volaille (13 €).

Gabriel-Max-Strasse 1 • Ⓤ & Ⓢ Warschauer Strasse • ☎ 70 08 67 35 • www.cafe-datscha.de • Dim.-jeu. 10h-minuit, ven.-sam. 10h-1h • Plat : 13-17 €.

Silo

Bistrot 68 Plan HP par F3

C'est la nouvelle coqueluche des expats de Friedrichshain ! On vient ici pour créer son propre *Frühstück* ou déjeuner sur le

Silo

pouce, dans de petites cassolettes, au milieu d'un décor brut de décoffrage. La carte est limitée mais originale, et le patron ne travaille qu'avec une poignée de producteurs locaux (pain de la Markthalle Neun, p. 127, café du torréfacteur Fjord, etc.).

Gabriel-Max-Strasse 4 • U Frankfurter Tor • www.ilo-coffee.com • Facebook : silocoffee • Lun.-ven. 9h30-16h, sam.-dim. 9h30-17h • Frühstück : 6 € la base, 1,50-3,50 € par ingrédient supplémentaire; plat : 6-13 €; cappuccino : 3 €.

Bars, clubs Sorties

Kantine am Berghain

Club 51 Plan F3

Située dans l'ancienne cantine des employés de la centrale électrique où le Berghain a élu domicile, Kantine am Berghain sous son célèbre plafond en lambeaux propose des concerts de musique électro dans une ambiance détendue. Un mini-*biergarten* vous permet de profiter de l'extérieur l'été.

Am Wriezener Bahnhof • U & S Warschauer Strasse • www.facebook.com/KantineamBerghain • Concert à partir de 19h • Entrée : 12-25 €.

Holzmarkt

Centre culturel 52 Plan F3

Probablement l'un des meilleurs endroits pour regarder le soleil se coucher, avec la tour de la Télévision en fond. Dans ce complexe culturel fait de bric et de broc niché sur les bords de la Spree, les œuvres de street art, les stands de nourriture et de boissons, la végétation luxuriante et le mobilier de bois donnent des airs de village hippie à ce lieu prisé des Berlinois et des touristes. Vous pouvez ensuite poursuivre la soirée dans le club accolé, Katerschmaus.

Holzmarktstrasse 25 • S Ostbahnhof • www.holzmarkt.com • Uniquement les beaux jours jeu.-ven. à partir de 16h, sam.-dim. à partir de 14h • Entrée libre.

Monster Ronson's Ichiban Karaoke

Karaoké-bar 53 Plan F3

Oubliez tous les a priori que vous avez sur les karaokés et filez dans ce lieu décalé et plein de bonne humeur, situé juste en face de la station de Warschauer Strasse. Outre la scène classique, la particularité de ce karaoké-bar est de proposer des cabines privées, où vous pourrez vous égosiller avec vos amis en toute intimité, à la manière des karaokés japonais. Des drag shows sont aussi proposés dans ce lieu LGBT-friendly loufoque et chatoyant.

Warschauer Strasse 34 • U & S Warschauer Strasse • ☎ 030 89 75 13 27 • karaokemonster.de • T.l.j. à partir de 18h • À partir de 12 €/h si vous souhaitez une cabine privée • Entrée : 5 €.

Badehaus

Bar/Concerts 54 Plan HP par F3

Sur le site du RAW (p. 140), l'ancienne « maison de bain » où se douchaient les ouvriers qui entretenaient les trains fait office de salle de concert. La programmation alterne hip-hop, italo swing, rythmes klezmers, etc. Et l'on peut y siroter de la bière tchèque et de la palinka hongroise tout en grignotant quelques snacks des Balkans. Pourvu que ça dure !

Revaler Strasse 99 (dans l'axe de la Simon-Dach-Strasse) • Ⓢ Warschauer Strasse • ☎ 25 93 30 42 • www.badehaus-berlin.com • Concert entre 15 et 25 € • Entrée : 5 € avant 22h; 8 € après.

ČSA

Bar lounge 55 Plan F2

Un style mi-rétro, mi-minimaliste, une atmosphère très « chilly » et de grandes baies vitrées donnant sur l'impressionnante avenue Karl-Marx ? Pas de doute : c'est le ČSA (prononcer tché-èss-a), un lounge assez chic aménagé, derrière les gros pots de buis, dans l'ancienne agence de la compagnie aérienne tchèque. Leur *mai tai* est réputé.

Karl-Marx-Allee 96 • Ⓤ Weberwiese • ☎ 29 04 47 41 • www.csa-bar.de • Lun.-sam. 20h-open end, dim. et t.l.j. d'été 19h-open end • Bière : 3 €; vin au verre : 6 €; cocktail : 6-8 €.

Infos Covid-19 ⚠

Compte tenu du contexte sanitaire, de nombreux sites et adresses sont amenés à restreindre leurs horaires d'ouverture et à s'adapter à la situation. Nous vous recommandons de vérifier les horaires et conditions de visite de chaque lieu et adresse sur leur site Internet ou leur page Facebook.

Radialsystem V

Centre culturel 56 Plan F3

Depuis que cette ancienne station de pompage (1881) a été convertie en centre culturel sur six étages, on peut assister à des concerts qui sortent des sentiers battus et boire un verre tout en profitant d'une vue vraiment spectaculaire depuis la terrasse sur la Spree, idéale au coucher du soleil. Petite restauration saine et bio, cela va sans dire.

Holzmarktstrasse 33 • Ⓢ Ostbahnhof • ☎ 28 87 88 50 • www.radialsystem.de • Bar ouvert 1h30 avant les concerts et après • Bière et vin au verre : à partir de 4 €.

Astro Bar

Bar/club 57 Plan HP par F2

Vous avez aimé *Star Trek* et *Goldorak* ? Tant mieux, car la décoration de ce bar est plutôt surprenante, et la clientèle n'est pas moins « hallucinante ». C'est très mélangé, les cocktails sont délicieux et abordables, et la musique électronique y est reine. Le week-end, un DJ y propulse les rythmes chers à l'underground berlinois.

Simon-Dach-Strasse 40 • U Frankfurter Tor ou tram M10, M13 ou M21 • ☎176 34 11 37 33 • T.l.j. 19h-open end (été dès 18h) • Long drink : 5-7 €.

YAAM

Bar/club

58 Plan F3

Le Young African Art Market (YAAM) installé au bord de la Spree est organisé comme un microvillage. Il propose un bar, un restaurant végétalien, des échoppes, des terrains de sport, des ateliers pour enfants, des concerts, des événements artistiques, etc. Dépaysement garanti, un verre de rhum à la main et les pieds dans le sable...

An der Schillingbrücke 3 • S Ostbahnhof • ☎176 10 05 11 89 • www.yaam.de • Mar.-dim. 13h-minuit • Accès libre hors événements.

Urban Spree

Club

59 Plan F3

Première étape recommandée pour découvrir la friche du RAW et ses innombrables clubs en tout genre, Urban Spree est un lieu pluriel : galerie et librairie le jour, espace de programmation musicale la nuit. On est ici au cœur de la créativité berlinoise entre street art, street food (des snacks sont installés sur le terrain) et festivals variés. Dès les beaux jours, on peut profiter du soleil sur les chaises longues situées dans la cour en attendant que les concerts commencent.

Astro Bar

Revaler Strasse 99 • S Warschauer Strasse • ☎74 07 85 97 • www.urbanspree.com • Jours et horaires : voir programme • Accès libre à la galerie • Entrée : 10-20 €.

Nhow

Bar

60 Plan F3

Le Nhow est un hôtel très hype qui a la bonne idée de disposer au rez-de-chaussée d'un bar quasi psychédélique où tout ondule : les sofas dorés, l'arche rose et la bande-son (excellente). Même la carte des boissons est ronde ! Superbe vue sur la Spree.

Stralauer Allee 3 • U & S Warschauer Strasse • ☎29 02 99 41 07 • www.nhow-hotels.com • T.l.j. 11h-2h • Shooter de saké : 7 €; cocktail : 10-14 €.

Berghain Panorama Bar

Club/concerts 61 Plan F3

Ce club, logé dans une ancienne centrale électrique du meilleur goût néoclassique socialiste (1953), est certainement le plus connu de la scène berlinoise. Des DJ viennent du monde entier pour des soirées techno, house, hip-hop, funk, etc.

Am Wriezener Bahnhof • Ⓢ Ostbahnhof ou bus N40 • ☎29 36 02 10 • www.berghain.berlin • Kantine am Berghain (p. 143) • Panorama Bar : mar. 10h-12h et 14h-17h, jeu. 10h-12h et 14h-18h • Entrée : autour de 15-16 € • Cocktail : autour de 7 €; bière : à partir de 3,50 €.

Hôtels B&B

Hotel 26

Moderne Plan F2-3

Cette partie de Friedrichshain est très animée le soir venu. Hôtel moderne et confortable, proposant un très bon rapport qualité/prix.

Grünberger Strasse 26 • Ⓤ Frankfurter Tor • ☎297 77 80 • www.hotel26-berlin.de • De 69 à 99 € (petit déjeuner inclus).

Shopping Cadeaux

Madano

Mode 36 Plan HP par F3

Des murs blancs et des meubles colorés servent de présentoirs à des vêtements originaux. Il s'agit d'une mode à la fois rétro et branchée (7 € la jupette rayée à poches fleuries; robe à partir de 5 €). Une place de choix est accordée aux années 1970, mais on y trouve également des pièces plus actuelles. Si vous souhaitez apporter une touche pop, disco ou gothique à votre look, un détour par Friedrichshain s'impose!

Grünberger Strasse 63 • Ⓤ Samariter Strasse • ☎29 77 07 78 • https://ein000.de/madano • Lun.-ven. 12h-20h, sam. 12h-19h.

Flohmarkt am Boxhagener Platz

Marché 37 Plan HP par F3

Tous les dimanches, un marché aux puces est organisé sur cette jolie place. Les stands, tenus par des professionnels, mélangent vintage et artisanat. Vous pourrez profiter de la place ou bruncher sur les terrasses alentour. Si vous n'avez pas trouvé votre bonheur ici, un autre marché, plutôt de particuliers, se tient le dimanche sur le terrain de la friche RAW à 10 min de marche (voir p. 140).

Boxhagener Platz 1 • Ⓤ Samariterstrasse • Dim. 10h-18h.

NOTRE TOP DES CLUBS ÉLECTRO

Si les soirées peuvent finir très tard, elles ne commencent souvent pas avant 1h. Venir tôt augmentera vos chances d'entrer dans les clubs les plus prisés de la capitale, où les files d'attente sont très longues et où les videurs, qui n'en font qu'à leur tête, sont moins réticents à faire entrer les touristes quand la salle est encore vide...

Gretchen

On y va pour leur sélection pointue de concerts et de soirées électro ou hip-hop.

Voir p. 118, quartier 11.

Tresor

Une référence des nuits techno et électro depuis les années 1990.

Voir p. 131, quartier 12.

Watergate

Apprécié des clubbers pour sa musique minimale et sa vue donnant directement sur la Spree.

Voir p. 132, quartier 12.

Berghain Panorama Bar

Le club le plus couru de Berlin et d'Allemagne... voire d'Europe !

Voir p. 146, quartier 13.

SchwuZ

Trois salles et trois ambiances musicales pour cette institution de la nuit gay berlinoise.

Voir p. 177, quartier 16.

Berghain Panorama Bar

CULTURES ALTERNATIVES

Berlin s'est constitué par le rattachement progressif de quartiers, processus qui s'est achevé en 1920 par la création du Grand Berlin. Il n'est donc pas surprenant que chaque quartier, par sa richesse culturelle et sa créativité propre, soit au cœur de l'évolution de la ville. Parmi ces quartiers, dont la réputation est liée en grande partie aux lieux de création qui les font exister, certains sont plus emblématiques que d'autres.

La scène alternative

À Berlin-Ouest, la contestation étudiante des années 1970 donne naissance à des **communautés autogérées** qui s'installent illégalement dans des espaces délabrés et inoccupés, surtout à **Kreuzberg,** près du Mur. Ces squats apportent une visibilité à la **culture alternative** en générant une scène artistique et sociale où s'exprime une culture de quartier en rupture avec les modèles officiels. À Berlin-Est, bien que moins visible, un mouvement similaire se développe à Prenzlauer Berg. Une seconde vague d'occupation survient après 1989, menée par des artistes qui investissent les espaces vacants du **Scheunenviertel, à Mitte.** Théâtres, galeries, bars et discothèques ouvrent du jour au lendemain, et Mitte devient synonyme d'avant-garde. Face à cette effervescence, les autorités décident de rénover le quartier, une réhabilitation très réussie, comme en témoigne le succès des **Hackesche Höfe** (voir p. 48). **Prenzlauer Berg,** peu détruit mais laissé à l'abandon par les autorités communistes, connaît une évolution semblable. Les centres alternatifs y explosent à partir de 1989, entretenant la réputation bohème du quartier. Mais, victime de son succès, celui-ci est progressivement restauré et

ne conserve que peu de lieux véritablement alternatifs (Dock 11, voir p. 154). Ceux qui n'ont pas accepté ces nouvelles règles du jeu se sont ensuite installés à **Friedrichshain,** quartier qui conserve toujours des immeubles non encore réhabilités et des entrepôts et usines désaffectés (RAW-Gelände, voir p. 140).

La scène techno

Prolongement de la musique house, la musique techno connaît un succès foudroyant à Berlin dans les années 1990. La capitale allemande, ouverte depuis les années 1970 aux musiques électroniques et aux **mouvements underground,** fournit alors un cadre idéal pour un tel épanouissement. Bâtiments laissés à l'abandon, mais aussi bunkers, hangars et entrepôts désaffectés offrent autant de lieux aussi insolites qu'improbables pour monter des clubs plus ou moins légaux et organiser des **raves clandestines.** Devenue plus officielle, la **scène techno** n'en reste pas moins mouvante, même si elle se concentre depuis plusieurs années à **Friedrichshain,** dans les environs de l'Ostbahnhof.

Culture gay

Berlin est l'une des rares capitales européennes où l'homosexualité se vit au grand jour. Un droit de cité qui se manifeste par une réelle participation à la vie politique. C'est le résultat d'une longue histoire qui vit les persécutions nazies succéder à l'âge d'or des années 1920. Même

si elle s'étend dans toute la ville, la culture homosexuelle se concentre dans les quartiers de **Schöneberg, Kreuzberg et Prenzlauer Berg.**

C'est à Schöneberg, quartier historique de la communauté homosexuelle, que celle-ci est la plus visible (autour de la Motzstrasse) avec ses commerces, ses bars mythiques, son musée (Schwules Museum, voir p. 108) et son centre d'information **Mann-O-Meter.**

Mann-O-Meter : *Bülowstrasse 106 • ☎216 80 08 • Lun.-ven. 17h-22h, sam. 16h-20h.*

À Kreuzberg se trouvent les bars et clubs les plus ouverts.

Prenzlauer Berg est un mélange subtil entre bars historiques datant de la RDA et nouvelles adresses où se presse une clientèle plus bobo (voir p. 150). ■

PRENZLAUER BERG

14

Étrange destin que celui de cet ancien quartier ouvrier qui fut le centre de la contestation de 1989 à l'Est, puis le berceau d'une communauté alternative très active avant de se transformer profondément au fil des années 2000. Relativement épargnés par les bombardements, les anciens immeubles ont presque tous été rénovés, obligeant une partie des habitants à déménager à la suite de soudaines hausses de loyer. La population du quartier a changé : elle est désormais plus jeune et plus aisée. Prenzlauer Berg est un quartier où l'on aime se promener.

Fameuse adresse du quartier : Konnopke's Imbiss, sous le métro aérien de la Schönhauser Allee

1 Kollwitzplatz✦

Au centre de cette place ombragée bordée d'immeubles bourgeois se dresse une statue de Käthe Kollwitz, réalisée par Gustav Seitz. Artiste engagée, amie de Rodin et d'Ernst Barlach, elle vécut à l'angle de la Käthe-Kollwitz-Strasse et de la Knaackstrasse, dans une maison détruite pendant la guerre. Le mémorial de la Neue Wache, juste à côté du Deutsches Historisches Museum (p. 43), abrite la reproduction d'une de ses sculptures *(La Mère et son fils mort)*, et un très beau musée lui est consacré à Charlottenburg (p. 94).

Le **marché bio** organisé sur la place pourra être l'occasion d'une pause gourmande (janv.-mars : jeu. 12h-18h, avr.-déc. : jeu. 12h-19h, sam. 9h-16h).

2 Die Synagoge✦✦

Édifiée en 1904, c'est l'unique synagogue à ne pas avoir été incendiée lors de la Nuit de cristal. Non qu'elle fût épargnée par les nazis, mais ceux-ci se contentèrent de la saccager sans prendre le risque de mettre le feu aux bâtiments résidentiels voisins. Elle fut restaurée après la guerre, avec l'aide de l'État communiste.

Rykestrasse 53 • Ne se visite pas.

3 Wasserturm✦

Au beau milieu d'une place verdoyante, ce grand **château d'eau** en brique, construit au XIXe s. et désaffecté en 1914, présente l'originalité d'avoir été transformé en logements. Une plaque commémorative rappelle qu'il fut, sous le nazisme, utilisé comme prison et chambre de torture par les SA, et que de nombreux opposants au régime y furent assassinés.

4 Pfefferberg✦✦

Décidément, à Berlin, l'architecture industrielle fascine les artistes ! Avec le Kulturbrauerei et le Dock 11 (p. 154), voici que l'ancienne brasserie Pfeffer s'est convertie, elle aussi, en centre culturel alternatif : on y organise concerts, expositions, conférences et festivals (www.pfefferberg-haus13.de). Vous y trouverez aussi et un hôtel bon marché, le **Pfefferbett** (p. 159), et le *biergarten* de la **Braugasthaus**.

Christinenstrasse 18-19 et Schönhauser Allee 176.

Braugasthaus : ***Bât. nos 15-16 • www.schankhalle-pfefferberg.de • ☎47 37 73 62 40 • mar.-dim. 16h-23h.***

5 Jüdischer Friedhof✦✦

Cimetière juif

En 1827, quand le cimetière de la Grosse Hamburger Strasse se révéla trop petit, celui-ci ouvrit pour accueillir les juifs berlinois. Fermé en 1880, il demeura un lieu de sépulture pour la bourgeoisie et l'intelligentsia jusqu'à l'entre-deux-guerres. Sous de grands arbres reposent notamment le compositeur Giacomo Meyerbeer et le peintre

Pause fleurie : Blumencafé

En hiver comme en été, il est toujours agréable de se retrouver entouré de verdure en pleine ville. Voici une expérience unique en son genre : un café installé au milieu des fleurs. Vous ne manquerez pas la devanture du fleuriste, débordant sur le trottoir de la Schönhauser Allee. Le Blumencafé est l'adresse idéale pour bruncher ou pour faire une pause plus tard dans la journée : soupe, quiche et gâteaux vous seront proposés. Ne vous étonnez pas si vous entendez un perroquet, il fait partie de la maison.

69 **Plan E1** ***• Schönhauser Allee 127A • ☎44 73 42 26 • www.blumencafe-berlin.de • T.l.j. 10h-18h • Quiche : dès 7,50 €.***

Max Liebermann, mort en 1935. Près de l'entrée principale se dresse un mémorial aux victimes de l'Holocauste. N'hésitez pas à demander un plan pour pouvoir vous orienter.

Schönhauser Allee 22 • www.jg-berlin.org • Lun.-jeu. 7h30-16h (dern. entrée 15h30), ven. 7h30-13h (dern. entrée 12h30); f. dim. et j.f. • Accès libre.

6 Kulturbrauerei★★★

Ce vaste complexe culturel et festif est installé dans l'ancienne brasserie Schultheiss, datant de la fin du XIXe s. Avec ses six cours et sa vingtaine de bâtiments néogothiques (signés Franz Schwechten), le complexe accueille 25 000 m² d'offre culturelle dynamique. Vous y trouverez des restaurants, des salles de concert, un cinéma, plusieurs boutiques et le départ de circuits à vélo (Berlin on Bike).

Museum in der Kulturbrauerei

Ce musée présente une instructive exposition sur le quotidien en RDA, « Alltag in der DDR ». Enfin, la cour accueille en décembre un très beau marché de Noël !

Schönhauser Allee 36 • ☏44 35 21 70 • www.kulturbrauerei.de • www.fidg.de • Mar.-ven. 9h-18h, sam.-dim. 10h-18h • Visites guidées sam. à 16h, dim. à 14h30 (1h; gratuite; arrivée 10 min avt le début de la visite) : résa possible.

7 Helmholtzplatz✦

Bordée de beaux immeubles bourgeois, cette place s'organise autour d'un vaste square planté de grands arbres, très fréquenté par les enfants du quartier. Les rues alentour sont, quant à elles, jalonnées de salons de coiffure, de jolis cafés et de charmantes boutiques, comme **Victoria met Albert**, avec sa sélection de vêtements et d'objets variés pour la maison et les enfants.

Victoria met Albert : *Dunckerstrasse 81 • ☏44 67 47 72 • www.victoriametalbert.com • Lun. 11h-19h, mar.-sam. 11h-20h.*

8 Dunckerstrasse 77✦

Pour vous faire une idée des conditions de vie des ouvriers dans le Berlin des années 1900, faites un tour au 1er étage de cet immeuble construit par Heinrich Brunzel (1895). Vous pourrez y visiter – au-dessus du porche – un appartement resté entièrement en l'état. Très instructif. Pensez à laisser un pourboire au gardien !

Dunckerstrasse 77 (digicode : appuyez sur Museum) • ☏445 23 21 • www.mitundfuereinander.de • Lun.-mar. et jeu.-dim. 11h-16h30 • Entrée : 3 € (prévenir pour groupe de plus de 7 pers.).

9 Mauerpark✦

À quelques blocs du mémorial de la Bernauer Strasse (p. 50), ce grand parc se trouve sur l'ancienne ligne de démarcation

Kulturbrauerei

entre l'Est et l'Ouest. Du haut de la butte longeant le stade, le vide laissé par le Mur et son no man's land attenant est toujours nettement visible. On y va pour le gigantesque **marché aux puces** (mars-oct. dim. 10h-18h). Touristique, mais toujours très apprécié des Berlinois.

Gleimstrasse 63-64 • www.mauerpark.info.

⑩ Oderberger Strasse✦

C'est, avec Kastanienallee, la rue la plus animée de cette partie de Prenzlauer Berg. Il y règne pourtant une atmosphère paisible, presque campagnarde. Bordée de beaux immeubles joliment restaurés, elle a su préserver toute son authenticité en dépit des nombreux cafés, restaurants et boutiques plutôt branchés qui s'y sont établis. Le soir venu, les terrasses sont bondées, mais l'ambiance reste bon enfant. Aux nos 57-59, les superbes **bains municipaux** de style néo-Renaissance construits en 1902 par Ludwig Hoffmann, désaffectés depuis les années 1940, ont été réhabilités et forment désormais le cœur du très chic **Hotel Oderberger**.

***Hotel Oderberger :** www.hotel-oderberger.berlin • ☎780 08 97 60 • Bains : ven.-mar. – parfois t.l.j. – 7h-22h; sauna : 12h-22h • Bains : 7 €; bains + sauna : 17 €.*

⑪ Dock 11✦

Autre grand centre de la culture alternative, le Dock 11 occupe deux très belles cours de brique, en enfilade, comme il se doit à Berlin. L'ensemble est consacré à la danse contemporaine avec des studios et des ateliers dans la première cour et un théâtre dans la seconde. Il y a un café. Rendez-vous sur le site Internet pour connaître la programmation.

Kastanienallee 79 • ☎448 12 22 • www.dock11-berlin.de • Lun.-ven. 9h-19h, sam.-dim. 9h-17h.

Pause mythique : Prater

Impossible de penser connaître Berlin sans s'être attablé dans un de ses nombreux *biergärten* (p. 179). En plus d'être le plus ancien de la ville, celui-ci est immense et très populaire, et abrite une galerie qui organise des manifestations artistiques. Spectacle et musique garantis en buvant de la bière (4,50 € les 0,5 l de schwarzbier) et en dégustant quelques bons plats rustiques, comme le *Wiener Schnitzel* avec salade de pommes de terre et concombre (22,50 €). Après une soirée bien arrosée, vous aurez découvert le vrai sens de la convivialité à l'allemande ! Attention : pas de carte bancaire !

62 Plan E1 • *Kastanienallee 7-9 • ☎44 85 688 • www.pratergarten.de • Restaurant : lun.-sam. 18h-23h, dim. 12h-23h • Biergarten : avr.-sept. lun.-ven. 16h-23h, sam.-dim. 12h-23h.*

Restos Bistrots

Hüftengold

Café 70 Plan E1

Voici une adresse au charme indéniable, idéale pour faire une pause. L'endroit est joliment décoré, plein de recoins cosy, et dispose d'une belle terrasse ombragée, très appréciée aux beaux jours. Dans ce lieu paisible et convivial, vous pourrez boire un café, déguster milk-shakes et smoothies (à partir de 4 €), mais aussi pour grignoter des crêpes (à partir de 4,50 €). Quelques propositions épicées à la façon indienne.

Oderberger Strasse 27 • U Eberswalder Strasse • ☎ 41 71 45 00 • www.hueftengold.berlin • Hueftengold.berlin • Jeu.-dim. 12h-17h • Sandwich, salade : à partir de €.

Pasternak

Russe 71 Plan E1

Vous trouverez dans ce restaurant russe une cuisine authentiquement slave, autour des grands classiques que sont le bœuf Stroganoff (23 €) ou les *pelmeni* (raviolis, 14 €).

Knaackstrasse 22-24 • U Senefelderplatz • ☎ 441 33 99 • www.restaurant-pasternak.de • T.l.j. 9h-1h • Menu (lun.-ven. 12h-16h) : 9,50 € • Menu : 23-40 €.

Babel

Libanais 72 Plan E1

Descendez Kastanienallee jusqu'à cet *Imbiss* libanais, très apprécié des gens du quartier, où vous trouverez de quoi vous rassasier. Très parfumées, les spécialités sont relevées de menthe ou de basilic frais, d'ail ou de sauce à la mangue : ici, ce sont les herbes qui font la différence !

Kastanienallee 33 • U Eberswalder Strasse • ☎ 44 03 13 18 • T.l.j. 11h-minuit • Plat : 5-18 € • Thé à la menthe : 3 €.

Pasternak

Konnopke's Imbiss

Curry Wurst 73 Plan E1

Sous les arcades du métro, cet *Imbiss* tenu par la famille Konnopke depuis 1930 est une institution. Promeneurs, étudiants et employés du quartier y font la queue pour déguster, debout, toute une variété de saucisses, à commencer par la fameuse *Curry Wurst* (2 €). La sauce ketchup – dont le secret est jalousement gardé – est vraiment bonne !

Schönhauser Allee 44B • U Eberswalder Strasse • 442 77 65 • www.konnopke-imbiss.de • Lun.-ven. 11h-17h, sam. 12h-17h • Pas de CB.

Anna Blume

Bistrot 74 Plan E1

Dans le genre cosy, relaxant et romantique, il y a l'Anna Blume avec ses petits sofas colorés et confortables, ses brassées de fleurs odorantes, sa terrasse et ses brunchs légendaires. Il faut dire que « l'étagère Anna Blume » (24 € pour deux pers.) est impressionnante : chaque plateau de ce présentoir est chargé de fruits, de fromages, de charcuterie, etc. Des petits plats chauds sont servis toute la journée.

Kollwitzstrasse 83 • U Senefelderplatz ou Eberswalder Strasse • 44 04 87 49 • www.cafe-anna-blume.de • T.l.j. 8h-21h30 (cuisine ferme à 19h) • Salade : env. 10 €.

Anna Blume

Houdini

Café 75 Plan E1

Ce café-restaurant à la décoration traditionnelle et gentiment branchée est un endroit très agréable pour boire un verre ou manger un morceau en terrasse. Brunch le week-end (12 €) !

Lychener Strasse 35 • U Eberswalder Strasse • ☎ 48 49 54 14 • www.houdini-berlin.de • Lun.-jeu. 12h-minuit, ven. 12h-2h, sam. 10h-2h, dim. 10h-minuit • Plat : 15-20 €.

Oderquelle

Allemand 76 Plan E1

Ce restaurant moderne et agréable, souvent bondé le week-end, propose une cuisine allemande avec une touche méditerranéenne qui fait la part belle à la gastronomie brandebourgeoise. Service sympa, et atmosphère décontractée !

Oderberger Strasse 27 • U Eberswalder Strasse • ☎ 44 00 80 80 • www.oderquelle.de • Lun.-sam. 17h-23h, dim. 12h-23h • Entrée : à partir de 4 € • Plat principal : 14 €-22 €.

Maothai

Thaï 77 Plan E1

La réputation de ce restaurant thaï a dépassé les limites du quartier. Vous pourrez y découvrir des plats épicés et parfumés juste comme il faut. La grande terrasse est prise d'assaut dès les beaux jours par les Berlinois. Résa indispensable le w.-e.

Wörther Strasse 30 • U Senefelderplatz • ☎ 441 92 61 • www.maothai.de • Mar.-dim. 12h-22h30 • Salade thaïe : 5,50-13 €.

Gugelhof

Allemand 78 Plan E1

Gugelhof excelle dans les spécialités alsaciennes et suisses ! Et comme les choses sont bien faites, ce restaurant en propose une longue liste, complétées de plats bavarois et d'une honnête carte des vins.

Knaackstrasse 37 • U Senefelderplatz • ☎ 442 92 29 • www.gugelhof.de • Lun. et mer.-ven. 17h-23h, sam.-dim. 12h-23h, f. mar. • Menu : 28-32 € • Plat : 12-25 €.

Impala-Coffee

Café 79 Plan I6

Voici un endroit qui réjouira les amateurs de café. Il en propose en effet un grand choix, mais aussi des thés, des chocolats et des jus de fruits. Si vous avez un petit creux, vous y trouverez gâteaux, sandwichs et bagels (5,50-6 €), à emporter ou à consommer sur place.

Schönhauser Allee 173 • U Senefelderplatz • ☎ 40 50 54 85 • www.impala-coffee.com • T.l.j. 8h-19h • Thé ou chocolat : env. 3 €.

Bars, clubs Sorties

Becketts Kopf

Bar à cocktails 63 Plan E1

Un lieu feutré entièrement baigné de rouge, à l'enseigne de l'écrivain irlandais Samuel Beckett, où vous pourrez tester quelques créations maison signées Oliver et Christina qui expérimentent d'audacieuses combinaisons à base de korenwijn (eau-de-vie de grains) ou de bière berlinoise (Berliner Weisse).

Pappelallee 64 • U Eberswalder Strasse • ☎44 03 58 80 • www.becketts-kopf.de • Été lun.-jeu. 20h-2h, ven.-dim. 20h-4h (19h-2h d'oct. à avr.) • Bière artisanale : 7 €; cocktail : 11-13 €.

Toast Hawaii

Club 64 Plan E1

Un autre lieu décalé et intimiste, dans un décor de cirque improbable. Si le porn karaoké ne vous tente pas, vous pourrez toujours vous déhancher sur la musique (style années 1980-1990) jusqu'au bout de la nuit.

F. temporairement • Danziger Strasse 1 • U Eberswalder Strasse • toasthawaiibar.de • Sam.-dim. 20h-5h, mer.-dim. 20h-2h, mar. 19h-2h, lun.-jeu. fermé • Entrée : 5 €.

Toast Hawaii

Morgenrot

Bar alternatif 65 Plan E1

Dans le quartier, ce café est connu comme le loup blanc pour ses copieux brunchs végétariens ou vegan (9-13 €; ven., sam. et dim. 11h-15h), mais c'est avant tout un bar solidaire, géré par un collectif, qui mise sur le commerce équitable, le bio et le local. Il y a donc un grand choix de boissons de petits producteurs, que l'on paie en fonction de ses moyens.

Kastanienallee 85 • Tram M1 Schwedter Strasse • ☎44 31 78 44 • morgenrot.blogspot.eu • Mar.-jeu. 13h-1h, ven.-sam. 11h 2h, dim. 11h-minuit • Cocktail vegan : 6,50 €.

Schwarze Pumpe

Bar 66 Plan E1

À quelques pas de la Kastanienallee très touristique, Schwarze Pumpe propose une carte typique des *Kneipen* berlinois : bières, boissons fraîches ou chaudes, mais aussi quelques plats simples et nourrissants. De quoi vous faire ressentir l'âme encore rugueuse de Berlin, dans ce quartier totalement rénové depuis le milieu des années 2000.

Choriner Strasse 76 • U Senefelderplatz • ☎44 96 939 • www.schwarzepumpe-berlin.de • Lun.-ven. 11h-1h, sam.-dim. 17h-1h • Jus : 2 €; bière (0,5 l) : 3,50 €.

Wohnzimmer

Bar 67 Plan E1

Ce café-bar à la déco vintage dépareillée est le lieu parfait pour terminer une longue journée passée à explorer les rues de Prenzlauer Berg. Si sa carte de gâteaux fait de ce lieu un incontournable à l'heure du *Kaffee-Kuchen* « goûter », il devient un bar fumeur et animé en soirée. C'est une atmosphère chaleureuse qui vous attend jusque tard dans la nuit, comme si vous étiez dans le salon *(Wohnzimmer)* cosy d'un ami.

Lettestrasse 6 • U Eberswalder Strasse • ☎ 44 55 458 • www.wohnzimmer-bar.de • T.l.j. à partir de 14h • Limonade bio : 4,50 €; bière (0,5 l) : 3 €.

Hôtels B&B

Pfefferbett Hostel

Hostel Plan I6

Située en plein centre de la ville, cette auberge de jeunesse a été aménagée sur le site d'une ancienne brasserie, transformée en centre artistique. Elle propose aussi bien des chambres simples et doubles que des dortoirs. Et en prime, vous profiterez de plusieurs services : bar, location de vélos (12 €/jour), etc.

Am Pfefferberg, Hof 4, Haus 6 • Christinenstrasse 18-19 • U Senefelderplatz • ☎ 93 93 58 58 • www.pfefferbett.de • De 16,50 à 99 €.

Acksel Haus

Charmant Plan E1

Entièrement restaurée, cette maison proche de la Kollwitzplatz a un charme fou. Les 35 chambres sont superbement décorées, et certaines disposent d'une kitchenette.

Belforter Strasse 21 • U Senefelderplatz • ☎ 44 33 76 33 • www.ackselhaus.de • De 150 à 300 €.

Shopping Cadeaux

TomShot

Bijoux 38 Plan E1

Aux commandes de cette marque berlinoise, le créateur Thomas Schwender. Deux axes dans chaque collection : le « classique » avec des plaquages, cristaux et verres tout en sobriété ; et le « concept » mêlant couleurs, techniques innovantes et lignes inventives. Les pièces sont fabriquées à la main dans l'atelier berlinois avec des matériaux choisis chez des fournisseurs européens. Une large partie des créations reste sous la barre des 150 €. Une seconde boutique a ouvert (Alte Schönhauserstrasse 25).

Sredzkistrasse 56 • U Eberswalderstrasse • ☎ 44 03 83 50 • www.tomshot.com • Lun.-ven. 11h-19h, sam. 11h-18h.

Jeanne Koepp

Poterie 39 Plan E1

Jeanne Koepp crée des poteries aux lignes insolites où se reflète l'influence des cultures d'Afrique. Née à Dresde, elle reconnaît que la technique craquelée qu'elle utilise n'est pas sans rapport avec l'ambivalence de l'ancienne Allemagne de l'Est. Véritable alchimiste des couleurs et des matériaux, elle réalise des créations uniques ou produites en séries limitées (boîtes : 45-65 € ; vases : 60-1 700 €).

Kollwitzstrasse 53 • U Senefelderplatz • ☎ 151 64 51 11 18 • www.jeanne-koepp.de • Lun.-sam. 12h-20h.

Ökomarkt am Kollwitzplatz

Marché 40 Plan E1

Sensibles à la préservation de l'environnement, les Berlinois apprécient les produits naturels. Si ce marché écologique n'est pas le seul de la ville, il offre l'avantage de se tenir sur l'une des places les plus séduisantes de Prenzlauer Berg – am Kolle –, où déambule une clientèle plutôt bobo. On y trouve un vaste choix de légumes, de fruits et de viandes bio, mais également des produits non alimentaires, comme des vêtements en laine naturelle… Le samedi, il accueille une partie plus traditionnelle.

Kollwitzplatz • U Senefelderplatz • Avr.-déc. : jeu. 12h-19h ; janv.-mars : jeu. 12h-18h.

Trödelmarkt am Arkonaplatz

Marché aux puces 41 Plan E1

À l'extrémité de Prenzlauer Berg (et ce n'est sans doute pas un hasard), ce marché est incontournable pour les amateurs du design des années 1950 à 1970. Complètement décalé ou totalement dément selon les avis, c'est de toute façon l'endroit idéal pour flâner le dimanche matin après avoir dégusté un petit déjeuner copieux sur Oderberger Strasse ou Kastanienallee !

Arkonaplatz • U Bernauer Strasse ou bus 247 • ☎ 17 17 10 16 62 • www.troedelmarkt-arkonaplatz.de • Dim. 10h-16h.

Creme Fresh

Mode 42 Plan E1

Située sur l'une des rues les plus branchées de Prenzlauer Berg, cette boutique présente une mode jeune, fraîche, légère comme de la crème. Grandes marques et stylistes berlinois y sont représentés, notamment par un vaste choix de jupes (50-70 €) et de robes courtes (40-100 €). Mais aussi de chaussures, toutes fabriquées en Europe (60-120 €), de sacs, ceintures et accessoires, etc.

Kastanienallee 21 • U Eberswalder Strasse • ☎ 48 62 58 27 • Lun.-sam. 12h-19h.

Jeanne Koepp

Flagshipstore

Mode

43 Plan E1

Au Flagshipstore, on privilégie les gammes respectant le commerce équitable, et les vêtements (chemise : 30-150 €) et accessoires de jeunes créateurs qui n'ont pas encore les moyens d'avoir leur propre showroom dans la capitale. On y trouve les lignes de stylistes berlinois, mais aussi des labels venus d'Amsterdam ou de Copenhague. On découvre ainsi le travail de Meshit, d'Anne Schmuhl, de Betty Bund, de Z. B. Berlin. Propose également un rayon hommes.

Oderberger Strasse 53 • U Eberswalder Strasse • ✆43 73 53 27 • www.flagshipstoreberlin.de • Lun.-ven. 12h-20h, sam. 11h-20h.

Paul's Boutique

Vintage

44 Plan E1

Pour chiner à bas prix dans le quartier de Prenzlauer Berg, « la Boutique de Paul » croule sous des monceaux de fripes ! Son créneau ? Le vintage de 10 à 150 €. Paul a du flair pour trouver le détail qui tue – du vieux survêt' Adidas bleu gauloise au short 1980 !

Oderberger Strasse 47
• U Eberswalder Strasse • ✆44 03 37 37
• www.paulsboutiqueberlin.com
• Lun.-sam. 12h-20h.

Liv

Maison

45 Plan E1

Britta et Stephan ont dédié leur enseigne aux arts de la table et plus précisément aux objets en

émail. Résistant, facile à nettoyer, hygiénique, idéal pour faire cuire ses petits plats : ce matériau délaissé refait son apparition dans les intérieurs contemporains.

À chaque budget son produit, de la tasse basique à fin liseré à 4 € aux suspensions (20-189 €) en passant par la cafetière à pois (32 €) ou les sets à tartes (75 € un kit de quatre).

Stargarder Strasse 9 • U Schönhauser Allee • ☎ 34 62 73 05 • www.emaille-shop.de • Lun.-jeu. et sam. 10h-18h, ven. 10h-19h.

Oye Records

Musique 46 Plan E1

Au cœur de Prenzlauer Berg, ce disquaire occupe un entresol précédé d'une façade rouge et vert anis. À l'intérieur, un grand choix d'enregistrements (de 2 € à 200 €) de musiques électroniques, de soul et de rythmes latino-américains. Une boutique branchée, à l'image du quartier. Un second magasin a ouvert dans Friedelstrasse 49, à Neukölln (lun.-ven. 13h-20h, sam. 14h-20h).

Oderberger Strasse 4 • U Eberswalder Strasse • ☎ 66 64 78 21 • www.oye-records.com • Lun.-sam. 12h-20h.

VEB Orange

Vintage 47 Plan E1

Si vous raffolez des années 1970, du design est-allemand et du *second hand* kitsch, courez chez VEB Orange, près du Mauerpark ! C'est bourré de meubles, de vêtements et d'accessoires que l'on dirait tout droit sortis du quotidien de l'ex-RDA !

Oderberger Strasse 29 • U Eberswalder Strasse • ☎ 97 88 68 86 • www.veborange.de • Lun.-sam. 11h-18h30.

NOTRE TOP DES MARCHÉS

Avec 250 *märkte* « marchés », les Berlinois ont de quoi remplir leur cabas ! Et il y en a pour tous les goûts, du mini-déballage de quartier au grand bazar oriental, sans oublier les pros du 100 % bio. Sages ou déjantés, voici nos petits préférés.

RAW-Gelände

Le dimanche, direction la friche industrielle du RAW pour ses puces multi kulti. Une vraie caverne d'Ali Baba.

Voir p. 140, quartier 13.

Mauerpark

Un vide-greniers, fréquenté par les touristes, où l'on flâne encore avec plaisir.

Voir p. 153, quartier 14.

Winterfeldtmarkt

À Schöneberg, plus de 200 étals qui fleurent bon les produits locaux et de saison. À tester le samedi !

Voir p. 111, quartier 10.

Türkenmarkt am Maybachufer

Un simple tour au marché de Neukölln et vous voilà transporté sur les rives du Bosphore.

Voir p. 133, quartier 12.

Ökomarkt am Kollwitzplatz

Un marché bio qui se tient le jeudi après-midi, au cœur de Prenzlauer Berg, avec 50 petits producteurs de la région.

Voir p. 160, quartier 14.

Trödelmarkt am Arkonaplatz

Un marché aux puces plus petit que les autres, mais 100 % vintage.

Voir p. 160, quartier 14.

Trödelmarkt am Arkonaplatz

DAHLEM,
ENTRE LACS ET MUSÉES

15

Au sud-ouest de Berlin, niché dans la verdure en bordure du lac de Grunewald, Dahlem est un quartier paisible, très prisé depuis le début du XXe s. par la bourgeoisie berlinoise qui y a construit d'élégantes villas. Cette ville à la campagne abrite des musées très intéressants ainsi qu'un campus universitaire de renommée internationale, la Freie Universität Berlin, fondée au lendemain de la Seconde Guerre mondiale en zone d'occupation américaine, en réponse à la mainmise du régime communiste sur l'université d'Unter den Linden. À l'écart du centre-ville, Dahlem est la destination idéale pour une journée culturelle et champêtre.

La Grunewaldturm *(p. 87 et 167)*

1 Botanischer Garten✦✦

Le **Jardin botanique** (43 ha) est idéal pour une promenade romantique et instructive. On peut y découvrir plus de 22 000 variétés de plantes, présentées par régions d'origine. Il abrite aussi des serres, dont la plus grande (1906) renferme de splendides spécimens tropicaux (orchidées, plantes carnivores, etc.).

Königin-Luise-Platz • ☏ 83 85 01 00 • www.botanischer-garten-berlin.de • T.l.j. 9h-20h (Jardin botanique), 9h-19h (serres et musée f. pour travaux). Fermé le 24 déc. Consulter le site pour les ouvertures exceptionnelles • Entrée : 6 €.

2 Museum Europäischer Kulturen (MEK)✦✦

Musée des Cultures européennes

Les riches collections – ethnographie, art asiatique,

Botanischer Garten

etc. – qui occupaient ce complexe muséal ont quitté Dahlem en 2018 pour s'installer au château de Berlin. Toutes ? Non : il reste un passionnant musée des Cultures européennes qui compte à lui seul 280 000 objets dans ses réserves.

Pour l'instant, on ne peut en voir qu'une petite sélection – charrette sicilienne, masque hongrois, crèche de Noël des monts Métallifères, etc. – mais il donne une belle idée de la diversité des traditions en Europe et des liens qui se sont tissés entre les différentes cultures. Deux salles sont dédiées à des expos temporaires.

Arnimallee 25 • ☎ 266 42 42 42 • www.smb.museum • Mar.-ven. 10h-17h, sam.-dim. 11h-18h • Entrée : 8 €.

3 Domäne Dahlem✦✦

Si un dépaysement campagnard vous tente, pourquoi ne pas visiter cette ferme de 15 ha ? Composé d'un manoir du XVIe s. et d'un imposant corps de ferme

Pause au vert : Das Café in der Gartenakademie

Ancien institut d'horticulture organisant toujours séminaires et événements, la Gartenakademie accueille également dans ses serres quelques boutiques spécialisées et un très beau café. Calme et verdure garantis pour une pause déjeuner ou goûter faite de produits régionaux et de saison. Superbe brunch-buffet le dimanche de 10h à 14h sur réservation (23,50 €).

80 Plan HP par B5 • *Altensteinstrasse 15A • ☎ 83 22 09 029 • www.dascafeindergarten akademie.de • Avr.-sept. : mar.-sam. 10h-18h30, dim. 10h-16h; oct.-mars : mar.-sam. 9h-18h, dim. 10h-16h • Gâteau : dès 4,50 €.*

du XIXe s., le domaine abrite un écomusée, des animaux, et propose des ateliers destinés surtout aux enfants. Marchés, concerts et fêtes champêtres y sont organisés. Vous pourrez déjeuner sur place au café situé dans l'ancienne remise au centre de la cour : produits bio et régionaux sont au menu.

Königin-Luise-Strasse 49 • ☎666 30 00 • www.domaene-dahlem.de.

Herrenhaus : *mer.-dim. 10h-17h.*

Culinarium : *mer.-ven. 14h-17h, sam.-dim. 10h-17h • Entrée : 4 € (pour Herrenhaus et Culinarium).*

4 Alliiertenmuseum✦

Musée des Alliés

Aménagé dans un ancien cinéma des forces américaines, ce musée met en lumière le rôle joué par les Alliés (américains, britanniques et français) de 1945 à 1994. Les collections comprennent de nombreux documents d'archives (photos, bandes, vidéos), mais aussi des armes, des maquettes et des objets du quotidien. Chaque année, le musée présente une exposition thématique généralement rattachée à un événement historique.

Clayallee 135 • ☎818 19 90 • www.alliiertenmuseum.de • Mar.-dim. 10h-18h • Accès libre.

5 Brücke-Museum✦✦✦

En bordure de la forêt de Grunewald, ce petit musée est consacré au mouvement expressionniste **Die Brücke** (Le Pont). Fondé en 1905 à Dresde, ce courant réunissait, entre autres peintres, Kirchner, Schmidt-Rottluff, Pechstein et Nolde. Inauguré en 1967, le musée présente quelque 400 toiles, dont 74 léguées par Schmidt-Rottluff en 1964, et des centaines de dessins, de gravures et d'aquarelles. Passionnant et indispensable pour appréhender l'avant-garde allemande du début du XXe s.

Bussardsteig 9 • ☎ 83 90 08 60 • www.bruecke-museum.de • Mer.-lun. 11h-17h • Entrée : 6 €.

6 Grunewald✦

Il est difficile de croire, une fois enfoncé dans cette vaste forêt entourée de lacs à l'est et par la Havel à l'ouest, que l'on se trouve sur le territoire de la plus grande ville d'Allemagne. Il faut compter 15 min de marche sur Im Jagen depuis l'arrêt de bus Clayallee (X83) pour accéder au lac Grunewaldsee et se promener sur ses berges.

Vous verrez le **Jagdschloss Grunewald,** pavillon de chasse que se fit construire l'Électeur Joachim II au XVIe s. La demeure remaniée en style baroque possède une splendide salle Renaissance et conserve une collection de portraits prussiens (XVIIe et XVIIIe s.), des œuvres de Cranach et de Rubens.

Du haut de ses 55 m de brique rouge, l'architecture gothique de la **Grunewaldturm** domine la forêt.

Jagdschloss Grunewald *: Hüttenweg 100, am Grunewaldsee • ☎ 813 35 97 • www.spsg.de • Avr.-oct. : mar.-dim. 10h-17h30; nov.-déc. et mars : sam.-dim. 10h-16h; visite guidée uniquement (jusqu'à 17h avr.-oct.; jusqu'à 15h nov.-déc. et mars) • Entrée : 6 €.*

Brücke-Museum

Restos Bistrots

Chalet Suisse

Allemand 81 Plan A5

En pleine forêt, à mi-chemin entre lacs et musées, ce charmant chalet suisse est un endroit fort agréable pour déguster des spécialités allemandes sous influence française. Repris par le célèbre Diekmann de Charlottenburg, tout y est délicieux et joliment présenté.

Im Jagen 5/Clayallee 99 • U Dahlem Dorf • 832 63 62 • www.chalet-suisse.de • Lun.-ven. 13h-22h • Plat : 17,50 €-30 €; fondue au fromage (en hiver) : 23-50 €/pers.

Activités Détente

S'oxygéner dans les bois

À vélo aussi Plan A5

Les cyclistes apprécient la forêt de Grunewald (p. 87 et 167) : le circuit de 23 km, bien balisé au départ de la station U Grunewald, ne présente aucune difficulté, et le paysage du côté des lacs Schlachtensee et Krumme Lanke est superbe.

Location de vélos: voir p. 185.

Das Café in der Gartenakademie (p. 165)

NOTRE TOP DES *FRÜHSTÜCKE*

Le petit déjeuner *(Frühstück)* est une véritable institution en Allemagne. C'est un équivalent du brunch, mais certains cafés le servent tous les jours de la semaine, et il devient un moment privilégié le week-end. À l'assiette ou sous forme de buffet, c'est une sélection de fromages, de charcuteries, de poissons, agrémentés d'œufs et de fruits, qui est proposée.

Das Café in der Gartenakademie

Blumencafé

La décoration des assiettes rappelle les bouquets de fleurs également vendus sur place.

Voir p. 151, quartier 14.

Das Café in der Gartenakademie

À grouper avec la visite du Jardin botanique, voici une étape obligée si vous allez à Dahlem.

Voir p. 165, quartier 15.

Engels

Les habitants du quartier passent ici à tout moment pour une pause.

Voir p. 171, quartier 16.

House of Small Wonder

Un espace chaleureux comme une cabane perchée, insolite en plein Mitte.

Voir p. 50, quartier 4.

Oxymoron

À tester pour son *Frühstück Regional* avec fromage frais aux herbes et jambon fumé bio.

Voir p. 53, quartier 4.

Schwarzes Café

Véritable institution, à deux pas de la Savignyplatz et du Kurfürstendamm.

Voir p. 98, quartier 9.

NEUKÖLLN, À L'EST DE TEMPELHOF

16

Neukölln a vécu une rapide transformation depuis la fin des années 2000. Artistes et jeunes actifs s'y sont installés, accompagnant l'ouverture de nombreux commerces. Avec la réhabilitation de l'aéroport de Tempelhof en parc public, le quartier est devenu très attractif. Dans beaucoup de cafés, les serveurs parlent espagnol, turc ou anglais, mais pas allemand.

Tempelhof : le jardin communautaire

① Tempelhof✦✦✦

Principal espace vert de Berlin s'étendant sur plus de 300 ha, cet ancien aérodrome fermé en 2008 est devenu un parc deux ans plus tard. Le bâtiment construit entre 1936 et 1941 selon les plans d'Ernst Sagebiel est le plus grand monument classé d'Europe. Tempelhof est aujourd'hui un terrain de jeu très cher aux Berlinois.

Aéroport célèbre

C'est l'une des réalisations du plan d'urbanisme titanesque Germania qu'imagina Adolf Hitler à l'aube du IIIe Reich. Le site fut dédié à la production d'armements pendant la Seconde Guerre mondiale avant d'être le théâtre du pont aérien coordonné par les États-Unis au début de la guerre froide : 324 jours durant, des avions ravitaillèrent Berlin-Ouest suivant une cadence allant jusqu'à un atterrissage par minute.

Poumon vert

Le parc est composé de vastes pelouses, d'une prairie protégée pour conserver la biodiversité du site et des anciennes pistes de l'aéroport, sur lesquelles cohabitent désormais cyclistes et kitesurfeurs. Que l'on vienne pour faire un footing ou pour flâner au milieu du **jardin communautaire** mis en place par les habitants du quartier, on quitte ce lieu avec le souvenir d'une expérience unique.

Champ libre

Stigmate de l'Histoire, Tempelhof est devenu un symbole de liberté et d'engagement citoyen. Lors d'un référendum en 2014, les Berlinois se sont exprimés pour la conservation de 100 % de surface libre, refusant les projets immobiliers proposés. Alors que son avenir reste pourtant incertain, le site demeure un passionnant laboratoire d'expérimentations citoyennes.

Oderstrasse, Tempelhofer Damm, Columbiadamm • www.thf-berlin.de.

Parc : *accès gratuit t.l.j. du lever au coucher du soleil.*

Bâtiment : *vis. guidée en anglais de 2h sur résa (www.thf-berlin.de/fuehrungen/english-guided-tours) mer.-dim. à 13h30; 17 €.*

2 KINDL – Center for Contemporary Art⁺⁺

L'ancienne brasserie KINDL a été rachetée par un couple suisse-allemand et réhabilitée en centre d'art contemporain. 1 600 m^2 d'espaces d'exposition surprenants, inaugurés en 2016, vous attendent sur trois niveaux. L'ancienne chaufferie *(Kesselhaus)* haute de 20 m présente chaque année un nouvel artiste pour une installation in situ, et le café König Otto a pris place entre les majestueuses cuves de brassage cuivrées.

Am Sudhaus 3 • ☎ 83 21 59 120 • www.kindl-berlin.de • Mer. 12h-20h, jeu.-dim. 12h-18h • Entrée : 5 €, gratuit 1er dim. du mois.

Pause cosy : Engels

À quelques pas de l'entrée du parc Tempelhof, cette adresse est très appréciée des habitants du quartier et des promeneurs, du petit déjeuner (croissant et confiture : 3,50 € ; végétarien et vegan : 9 €) jusqu'au soir. Caractéristique des cafés de Neukölln, il est décoré de meubles chinés et propose des *Frühstücke*, gâteaux et plats du jour. Certains soirs, projections de films ou concerts.

82 **Plan E5** • *Herrfurthstrasse 21 • T.l.j. été : 10h-22h, hiver 18h-minuit.*

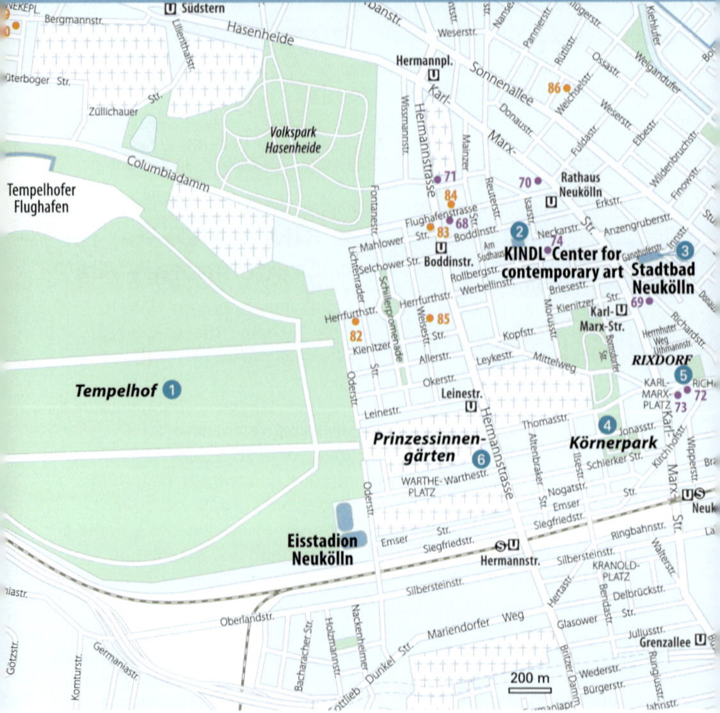

3 Stadtbad Neukölln⁺⁺

Bains municipaux de Neukölln

C'est l'une des plus belles piscines publiques de Berlin ! Sa construction date de 1914, et l'intérieur est orné de mosaïques et de sculptures de style antique. On y va pour profiter du décor et de l'eau à 30° plutôt que pour un entraînement sportif, les bassins ne mesurant que 19 et 25 m de long. Également un espace sauna ouvert tard le soir en hiver.

Ganghoferstrasse 3 • ✆ 68 24 980 • www.berlinerbaeder.de/baeder/stadtbad-neukoelln.

Piscine : *lun. 12h-22h30 (réservé aux femmes) et 20h-22h30 (naturistes), mar. et jeu. 14h-22h30, mer. 11h-22h30, ven. 13h-22h30, sam. 10h-22h30, dim. 10h-20h (naturistes 20h-22h30) • Entrée : 5,50 €.*

Sauna : *lun. 12h-22h30 (réservé aux femmes), mar.-dim. 10h-22h30 • Entrée : 19 € (16 € pour 3h).*

4 Körnerpark✦

Enclave de verdure de 3 ha agrémentée de bassins et d'arcades néobaroques, ce parc rectangulaire est situé en contrebas des rues alentour. Il fut construit sur le terrain d'une ancienne carrière, entre 1912 et 1916, par le village de Rixdorf, devenu par la suite un quartier de Berlin-Neukölln. Des concerts et des lectures y sont organisés l'été, pendant que son orangerie abrite une galerie d'art et un café ouverts toute l'année.

Schierker Strasse 8 • www.körnerpark.de • T.l.j. 10h-20h • Accès libre.

5 Rixdorf✦✦

Une surprise vous attend à un saut de puce de la Karl-Marx-Strasse : l'**ancien village tchèque** de Rixdorf, fondé au XVIIIe s. par quelque 320 protestants chassés de Bohême en raison de leur religion. Vous le trouverez caché autour de la Richardplatz, où trône la statue du roi de Prusse de l'époque, Frédéric-Guillaume Ier, qui les avait accueillis à bras ouverts. La Kirchgasse a du charme, surtout aux beaux jours. Pour un peu, on se croirait à la campagne…

www.visitberlin.de/fr/richardplatz

6 Prinzessinnengärten✦✦

Projet pilote lancé en 2009, ce jardin urbain est devenu un modèle en la matière. Fondé par Robert Shaw et Marco Clausen, et cultivé par des volontaires du quartier, ce lieu a une vocation récréative et éducative. D'abord situé sur Prinzessinnenstrasse (d'où son nom), il a déménagé à Neukölln ; les plantes cultivées dans des bacs mobiles ont été facilement transportables. Le jardin communautaire, vrai lieu de vie, propose aussi des ateliers.

Hermannstrasse 99 • www.prinzessinnengarten-kollektiv.net • Mi-mars - avr. : mar.-ven. 9h-16h, mai-oct. : t.l.j. 10h-22h, f. en hiver • Accès libre.

Rixdorf

Restos Bistrots

Isla Coffee

Café 83 Plan F4

Dans la catégorie « petits cafés écoresponsables » qui privilégient le bio et visent le zéro déchet, l'Isla tient bien la route : non seulement le cadre est sympa, avec son mobilier recyclé, mais on y grignote des salades et des soupes vegan, de bons sandwichs poires et noix… Le petit plus ? Le brunch du week-end (10h-14h), concocté par Peter Duran.

Hermannstrasse 37 • U Boddinstrasse • Facebook : islacoffeeberlin • Lun.-ven. 8h-18h, sam.-dim. 9h-18h • Brunch : 8h-15h30 • Cappuccino : 3 €; toasts : 6,50-8,50 €.

Lavanderia Vecchia

Italien 84 Plan F4

Entrez dans la seconde cour intérieure et retrouvez-vous au sein d'une ancienne laverie… Vous aurez peut-être l'impression d'être arrivé chez l'un de vos ancêtres ou à un banquet de mariage ! Une cuisine italienne de très bonne qualité vous est servie. Pour le déjeuner, un plat de pâtes et un risotto différents sont proposés chaque jour. Le soir, changement de régime avec un élégant menu à 65 € sur réservation uniquement.

Flughafenstrasse 46, cour intérieure • U Boddinstrasse • ☎ 62 72 21 52

• www.lavanderiavecchia.wordpress.com • Mer.-ven. 12h30-17h, dîner mer.-dim. sur résa 17h-23h, à partir de 20h menu obligatoire • Déjeuner : pâtes 7-16 €; risotto : 11 €.

L'Eustache

Bistrot 85 Plan F5

Les murs sont vert anglais, les vins très bien choisis, et l'ardoise évolue chaque jour. La cuisinière, d'origine française, s'inspire notamment de recettes espagnoles et italiennes pour ses créations tout en finesse. Selon l'heure et les saisons, on y va pour une planche de charcuterie, un risotto aux asperges ou la pâtisserie du jour. Tout est fait maison.

Weisestrasse 49 • U Boddinstrasse • ☎ 0176 82 69 47 40 et 16 35 17 26 64 • Facebook : L'eustache • Mar.-ven. 12h-14h30, mar.-sam. 18h-minuit • Entrée : 5-9 € • Plat principal : 15-17 €; charcuterie : 8 €.

Dr. To's

Asiatique 86 Plan F4

Mieux vaut réserver pour venir dans ce restaurant aux abords de la très fréquentée Weserstrasse. La carte, organisée selon des éléments de la nature – « l'air » pour les volailles, « le jardin » pour les légumes, etc. –, propose d'originales tapas asiatiques d'inspiration principalement chinoise et japonaise. Poitrine de porc style « Dong Po », salade d'aubergines, de tomates et de coriandre… de très belles découvertes vous y attendent ! Budget d'une vingtaine d'euros par personne à prévoir, hors boissons.

Weichselstrasse 54 • U Hermannplatz • ☎ 017 83 98 88 29 • ☎ www.dr-tos.de • Facebook : Dr To's • T.l.j. 18h-minuit • Tapas : 3,50-8 €.

Bars, clubs Sorties

Muted Horn

Bar à bières 68 Plan F4

Le « cor bouché », allusion à un roman de Thomas Pynchon (*La Vente à la criée du n° 49*), est un bar brut de décoffrage mais ultra-chaleureux, spécialisé dans la bière, qui propose une formule originale : la Probier-Brett (9,50 €) permettant de tester 4 bières au choix sur les 22 bières pression. Qui dit mieux ? Rassurez-vous, il y a aussi de la *ginger ale* sans alcool.

Flughafenstrasse 49 • U Boddinstrasse • ☎ 91 56 92 56 • www.themutedhorn.com • Facebook : Mutedhorn • Lun.-jeu. 17h-2h, ven. 17h-3h, sam. 15h-3h, dim. 15h-2h • Bière : 3,50-6,50 €.

Sameheads

Bar/concerts 69 Plan F5

Ce bar tenu par trois frères originaires d'Angleterre a une définition volontairement floue. Le look est chaotique, le public jeune et international, et la musique expérimentale. Laissez-vous tenter par la programmation de concerts proposés par des labels indépendants pour une soirée assurément décalée.

Klunkerkranich : vue depuis la terrasse

Richardstrasse 10 • U Karl-Marx-Strasse • ☏ 70 12 10 60 • www.sameheads.com • Mar.-sam. à partir de 18h jusqu'au petit matin • Concert : autour de 5 €.

Klunkerkranich

Bar/concerts

70 Plan F5

Traversez l'allée principale du centre commercial Neukölln Arcaden et prenez à droite en direction de la Postbank. Montez en ascenseur jusqu'au P5. Accédez ensuite au dernier étage à pied par la rampe. Ça y est : vous êtes arrivé sur le toit ! Une terrasse en bois pour profiter de la vue, une cantine pour se restaurer (à petits prix) et un programme de concerts variés selon les soirs : le meilleur de la nuit berlinoise !

Karl-Marx-Strasse 66 • U Rathaus Neukölln • www.klunkerkranich.org • Lun.-mer. 18h-23h, jeu. 16h-minuit, ven.-sam. 16h-1h, dim. 16h-23h • Accès libre ou 3-10 € (concert et Dj sets).

Villa Neukölln

Berlin bohème

71 Plan F4

L'ambiance rétro, avec les vieux canapés vintage, le mobilier ancien mais raffiné, donne une allure folle à ce lieu. C'est cosy, pas prétentieux mais élégant ; on se croirait dans un autre siècle, mais c'est furieusement à la mode en même temps. Bref, une pépite.

Hermannstrasse 233 • U Boddinstrasse • ☏ 62 72 89 48 • www.villaneukoelln.de • T.l.j. 11h-23h.

Das Kapital

Comptoir d'artistes

72 Plan F5

Un tout petit bar que vous ne remarquerez probablement pas si vous ne le connaissez pas. Un lieu associatif qui organise discussions et performances dans un décor pointu et décalé comme on les aime à Berlin.

Karl-Marx-Platz 18 • Ⓢ Neukölln • ✆030 91 47 27 90 • www.kapital.live • Jeu.-dim. 17h-2h.

Arkaoda

Cosmopolite

73 Plan F5

Un bar-club originaire d'Istanbul, où l'on peut boire un café, une bière ou manger un bout avant de descendre au sous-sol pour danser. Le lieu met en avant les artistes indépendants du monde entier et organise des soirées à thème. Une adresse à découvrir pour s'imprégner du Neukölln cosmopolite et artistique.

Karl-Marx-Platz 16-18 • Ⓢ Neukölln • berlin.arkaoda.com • Mar.-ven. 17h-2h, sam.-dim. 13h-3h (vérifiez quand même !).

SchwuZ

Institution gay

74 Plan F5

Anciennement installé au sous-sol d'un bar sur le Mehringdamm, le SchwuZ est une institution de la nuit gay berlinoise. Depuis son emménagement, en 2013, dans des locaux de l'ancienne usine KINDL à Neukölln, ce club a pris une nouvelle dimension et propose désormais trois dancefloors, du plus pop au plus électro. Vous n'aurez qu'à choisir !

Rollbergstrasse 26 • Ⓤ Boddinstrasse • ✆57 70 22 70 • www.schwuz.de • T.l.j. 16h-2h • Entrée : 6-15 €.

Hôtels B&B

The Cat's Pajamas Hostel

Hostel

Plan E-F4

Ambiance vintage chic pour cette auberge ouverte en 2012 dans ce quartier branché. Elle se trouve au bord d'une grande avenue, mais à proximité du canal de Kreuzberg. Accès direct depuis l'aéroport Schönefeld avec le bus 171. L'auberge comprend des dortoirs à quatre, six et huit lits, un dortoir réservé aux femmes, des chambres familiales, des chambres doubles et des chambres pour une personne.

Urbanstrasse 84 • Ⓤ Hermannplatz • ✆61 62 05 34 • https://thecatspajamashostel.atberlinhotels.com • De 15 à 150 € • Petit déjeuner : 5,50 €.

Eschenbräu

3 ADRESSES PLUS ÉLOIGNÉES

Sisyphos

Un incontournable estival pour tout clubber ! Si vous arrivez à entrer (l'attente est longue, et l'entrée pas toujours garantie), vous plongerez pour une durée indéfinie dans ce club techno de légende à mi-chemin entre squat et festival féerique, au bord d'une mare. Ce qu'on aime : l'espace garanti par les multiples salles à l'acoustique convulsive, mais aussi l'open air.

75 **Plan HP par F3** • *Hauptstrasse 15* • *Ⓢ Rummelsburg* • *sisyphos-berlin.net* • *Ven. soir-lun. mat. : non-stop* • *Entrée : env. 10 €.*

Eschenbräu

LA meilleure brasserie artisanale de Berlin assurément ! Dans le quartier de Wedding, cachée entre les immeubles modestes de ce quartier populaire, la brasserie Eschenbräu ne désemplit pas, été comme hiver. La bière est faite sur place, elle est bonne et pas chère avec des variations saisonnières. La salle, au sous-sol, est accueillante et simple, pas hipster pour un sou, mais c'est un lieu que tous les amoureux de bière (ou pas !) devraient visiter lors d'un séjour à Berlin.

76 **Plan C1** • *Triftstrasse 67* • *Ⓤ Leopoldplatz ou Ⓢ Wedding* • *016 24 93 19 15* • *eschenbraeu.de* • *Dim.-mer. 17h-minuit, sam.-dim. 17h-1h, jeu. 17h-0h30* • *Pinte : à partir de 3,50 €.*

Lamm Bar

Au nord de Prenzlauer Berg, un peu à l'écart des rues touristiques, le Lamm Bar est la nouvelle adresse à la mode dans ce quartier. Déco industrielle et minimaliste et cocktails savoureux vous attendent dans cette adresse idéale pour débuter la soirée dans un lieu pas (encore) trop connu.

77 **Plan HP par E1** • *Wisbyer Strasse 1* • *Ⓢ et Ⓤ Schönhauser Allee* • *30 44 67 53 66* • *www.lammbar.de* • *Lun.-sam. à partir de 18h* • *Cocktail : à partir de 7,50 € ; verre de vin : 6 €.*

NOS MEILLEURS *BIERGÄRTEN*

Blonde ou brune, à base d'orge ou de froment, la bière se déguste dès les beaux jours dans les *biergärten,* brasseries en plein air souvent ombragées, où l'on vient avant tout pour boire une bière, ce qui n'empêche pas de grignoter. *Ein grosses Bier oder ein kleines Bier?* Une grande bière ou une petite?

Prater

Pfefferberg

À un saut de puce de la station Senefelderplatz, un charmant « jardin d'été » avec concerts sous les tilleuls.

Voir p. 151, quartier 14.

Kulturbrauerei

Vous êtes ici dans une ancienne brasserie et, même si l'on n'en produit plus, la bière est toujours excellente.

Voir p. 152, quartier 14.

Prater

De longues tablées sous les arbres éclairées de guirlandes lumineuses, voici le *biergarten* par excellence.

Voir p. 154, quartier 14.

Eschenbräu

Sirotez une des bières artisanales les plus courues de la ville, dans le petit jardin de cette brasserie populaire.

Voir p. 178, hors quartiers de visite.

ORGANISER SON WEEK-END

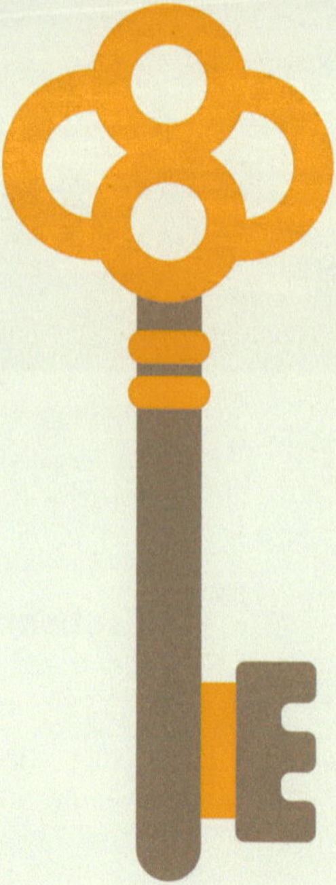

Oberbaumbrücke

L'ESSENTIEL

Se renseigner

www.berlin-en-ligne.com : de nombreux renseignements pour préparer votre voyage : histoire, architecture, monuments, musées, plans, boutiques, etc.

www.germany.travel • ☎01 40 20 01 88 : rens. et envoi de documentation par tél. uniquement.

www.allemagneenfrance.diplo.de : Centre d'information et de documentation sur l'Allemagne.

www.ambafrance-de.org : ambassade de France.

Quand partir ?

- De préférence, au **printemps**.
- Le climat berlinois n'est pas très différent de celui de l'est de la France, avec une influence continentale nettement plus marquée. **L'hiver** est rigoureux, avec des chutes de neige fréquentes et un vent parfois glacial ; **l'été** est chaud et ensoleillé, avec de fortes chaleurs que lacs et espaces verts rendent toutefois moins étouffantes.
- En toute saison le temps peut changer brutalement et tourner à la pluie.

À savoir

Les enfants mineurs, non accompagnés de l'un de leurs parents, doivent être en possession d'une autorisation de sortie du territoire. Formulaire à télécharger sur : **www.service-public.fr/particuliers/vosdroits/F1359**

Formalités

Les citoyens de l'Union européenne doivent être munis d'une **carte d'identité** ou d'un **passeport**.

Comment y aller ?

- **En avion** : 1h45 depuis Paris-CDG avec Air France (www.airfrance.fr) et Lufthansa (www.lufthansa.com), Eurowings dessert Nice et Calvi (www.eurowings.com), EasyJet propose des vols depuis Paris-Orly, Lyon, Nantes, Nice et Toulouse (www.easyjet.com).
- **En train** : 8h depuis Paris-Nord et Paris-Est avec la SNCF et les trains ICE et Thalys (www.oui.sncf).
- **En bus** : 14h depuis Paris avec Eurolines (www.eurolines.com) ou FlixBus (www.flixbus.fr).

Dans quel quartier loger ?

- Pour dormir dans un quartier calme et cossu, visez **Charlottenburg**, qui compte une foule de B&B et petites pensions. Plus central, **Mitte** présente l'avantage d'être desservi par de nombreux transports.

- Pour profiter à plein de la vie nocturne, optez pour **Kreuzberg** ou **Neukölln**. C'est aussi le cas, à l'est de **Friedrichshain**, entre Ostbahnhof et Frankfurter Allee, où les tarifs sont encore très abordables. **Prenzlauer Berg**, au nord-est, a plus de charme, mais l'offre hôtelière y est plus limitée.

Adresses

Les rues berlinoises ne sont pas numérotées de la même manière qu'en France. Si certaines rues ont un côté pair et un côté impair, d'autres (tel le **Kurfürstendamm**) sont numérotées de façon continue et en boucle. Dans ce cas, le premier numéro fait face au dernier. Inutile de vous alarmer pour autant, les plaques indiquant le nom des rues précisent aussi les numéros et permettent ainsi de s'y retrouver.

Budget

Une fois l'hôtel et le vol payés, prévoyez 50-70 €/j. pour les musées, les restaurants et les sorties.

Retirer de l'argent

Tous vos paiements par carte sont gratuits et vos retraits sont soumis aux mêmes conditions tarifaires qu'en France. Mais attention, les cartes bancaires ne sont pas acceptées partout, elles sont notamment refusées dans la majorité des restaurants et des bars.

Combien ça coûte ?

Ticket de bus/métro : 2,90 €.
Curry Wurst : autour de 4 €.
Repas dans un restaurant : 25-35 €/pers.
Entrée dans un musée : 8-12 €.
Pinte de bière (50 cl) : 6-8 €.
Cappuccino : 3,50 €.

Pourboire

5-10 %, que l'on donne directement au serveur (on ne laisse pas la somme sur la table).

Téléphoner

À Berlin depuis la France :

- Pour les fixes, 0049 + 30 (indicatif de Berlin) + n° de votre correspondant ; pour les portables, 0049 + n° du portable sans le 0 initial.
- **En France depuis Berlin :** 00 33 + n° de votre correspondant (sans le 0).
- Depuis 2017, **les frais d'itinérance** *(roaming)* ne sont plus facturés par votre opérateur mobile lors de vos voyages dans les pays de l'Union européenne. Renseignez-vous auprès de votre opérateur.

Numéros utiles

- **Police : ☎ 110**
- **Urgences : ☎ 112**

Arriver à Berlin

L'aéroport de **Berlin-Brandenburg** se trouve à 24 km au sud de la ville.

Rejoindre le centre-ville...	Prix	Durée
En train depuis l'aéroport **Train régional express RE7** ou S-Bahn **S45, S9** www.bvg.de	3,60 €	Trajet de 35 min pour rejoindre la gare centrale.
En bus depuis l'aéroport **Le X7 Schönefeld-Rudow** www.bvg.de	3,40 €	Trajet de 10 min pour rejoindre le métro.
En taxi depuis l'aéroport **Funk Taxi** www.funk-taxi-berlin.de	50 €	Trajet de 50 min.

Se déplacer à Berlin

Le plan des transports se trouve au verso du plan détachable.

En transports en commun

En métro et en train

Distinguez bien le **métro** (lignes avec un Ⓤ) des **trains urbains S-Bahn** (lignes avec un Ⓢ). Votre titre de transport vous permet d'emprunter indifféremment l'un ou l'autre réseau (tout comme le bus ou le tramway). Notez juste qu'il faut parfois sortir d'une station et marcher pour faire la correspondance entre deux lignes de réseaux différents, ce qui peut s'avérer déroutant.

Les trains et les métros circulent en continu le week-end et de 4h à 1h30 en semaine.

En bus

Les nuits en semaine, des bus nocturnes circulent toutes les 30 min environ.

Bon plan : les lignes de **bus 100** (à impériale) et **200** relient les **principales attractions touristiques** de la ville. Avec un ticket journalier *(Tageskarte)*, vous pouvez donc vous faire un circuit en *hop-on-hop-off* à moindre coût.

Titres de transport

Tarifs et mode d'emploi : voir le tableau p. 186.

◗ **Attention** : les distributeurs de tickets **n'acceptent pas toujours les cartes étrangères.** Prévoyez du cash ou achetez vos tickets aux guichets (mais vous n'en trouverez pas dans toutes les stations et à toute heure !).

www.bvg.de

En taxi

De couleur crème, les taxis berlinois sont nombreux et faciles à intercepter. Le paiement par carte est possible dans certains taxis et signalé par un autocollant sur les vitres latérales.

Comptez 4 € de prise en charge et 2,30 €/km (pour les sept premiers kilomètres ; 1,65 € ensuite). Pour une course de moins de 2 km, annoncez au chauffeur une *Kurzstrecke* (« course courte ») et vous bénéficierez d'un tarif de 5 €, quelle que soit l'heure.

Association des taxis • *taxiverband-berlin.de*

Taxi Berlin • *☎20 20 20* • *www.taxi-berlin.de*

Funk Taxi Berlin • *☎26 10 26* • *www.funk-taxi-berlin.de*

À vélo

Le vélo est un mode de transport très utilisé dans la capitale. Les **pistes cyclables** sont nombreuses et clairement identifiables, des panneaux indiquent les distances entre les principaux sites, et les automobilistes sont respectueux des cyclistes (veillez d'ailleurs à faire de même en tant que piéton et à ne pas marcher sur les voies réservées aux vélos).

Les vélos sont autorisés dans les transports en commun, mais cela nécessite l'achat d'un billet spécial à l'unité (1,90 €) ou pour la journée (4,80 €).

Le site **BBBike** vous permet de planifier et de calculer la longueur de votre parcours à travers la ville.

www.bbbike.de

Fahrradstation

Avec ses sept stations réparties à travers la ville, ce service est spécialisé dans la location (dès 15 €/jour) et les tours à vélo. Particularités : service de livraison et location de tandems.

www.fahrradstation.com

Call a Bike

Le système de vélos libre-service (via application) développé par la Deutsche Bahn. Il faut d'abord s'inscrire (3 €/an), puis la réservation des vélos peut se faire soit avec le téléphone utilisé pour l'inscription, soit via les bornes (30 min gratuites, puis 1 € par tranche de 30 min). Le vélo peut être restitué à n'importe quelle borne ; assurez-vous que le cadenas soit bien enclenché pour ne pas avoir de mauvaise surprise.

☎069 42 72 77 22 • *www.callabike.de*

Fat Tire Bike

Ce service propose des locations à la demi-journée (8 €) ou à la journée (14 € le premier jour, puis dégressif) et des circuits commentés.

☎24 04 79 91 • *www.fattiretours.com*

Titres de transport : mode d'emploi	
Ticket simple	Billet à 2,90 € : vous pouvez faire plusieurs voyages pendant une durée de 2h avec un ticket simple, mais pas l'aller-retour sur une même ligne. Prix plus intéressant vendu par quatre billets : 9 €.
Ticket Kurzstrecke	Particularité berlinoise : le ticket « courte distance », vendu 1,90 €, permet d'effectuer un trajet de trois stations U-Bahn au maximum ou six stations de bus ou de tramway.
Ticket Tageskarte	Une carte vendue 8,60 € grâce à laquelle vous pourrez voyager toute la journée (jusqu'à 3h le lendemain matin).
Ticket groupe	Permet à cinq personnes au maximum de circuler 24 heures pour 19,90 €.
Carte hebdomadaire	La 7-Tage-Karte coûte 36 € ; en plus de voyager gratuitement, vous pouvez être accompagné d'une personne chaque soir après 20h et le week-end.

En vélo-taxi

Équivalent berlinois du pousse-pousse, il est généralement conduit par un étudiant. Circulant de mars à octobre, les vélos-taxis sont prévus pour deux passagers au maximum et disposent d'un toit amovible. Vous les trouverez aux alentours des lieux touristiques. Le premier kilomètre coûte 7 € ; les suivants, 5 €.

☎ 0176 74 72 97 79 (pour une prise en charge à l'endroit de votre choix) • www.velotaxi.de

À voir, à faire

Offices de tourisme

Dans les **Berlin Tourist Info,** vous trouverez des plans de la ville (payants), des adresses d'hôtels et de restaurants, et des informations sur les événements et les visites.

www.visitberlin.de

Gare principale (Hauptbahnhof)

Europaplatz 1 (au rez-de-chaussée, entrée nord – D2) • Ⓢ Hauptbahnhof • ☎ 25 00 23 33 • T.l.j. 9h-18h.

Alexanderplatz
Dans le hall de l'hôtel Park Inn Radisson (I7) • U & S Alexanderplatz • Lun.-sam. 7h-21h, dim. 8h-18h.

Porte de Brandebourg
Pariser Platz (aile sud – D2) • U & S Brandenburger Tor • T.l.j. 10h-18h.

Europa-Center
Tauentzienstrasse, 9 (C3) • U & S Zoologischer Garten • Lun.-sam. 10h-20h.

Musées et monuments

D'une manière générale, les sites touristiques sont ouverts de 10h à 18h (quelques nocturnes le jeudi) et fermés le lundi. Notez également les jours fériés (p. 192).

Un week-end fin août se tient la **Longue Nuit des musées :** pour 18 €, accès à tous les musées participants et au bus pour les déplacements (p. 193).

Berlin WelcomeCard

Elle permet d'emprunter gratuitement tous les transports en commun (bus, métro et tram) et de bénéficier de réductions allant jusqu'à -50 % sur une sélection de 200 attractions (visites, musées, théâtres, boutiques et restaurants). Guide et plan de la ville sont fournis avec le pass.

En vente dans tous les points d'informations touristiques de la ville ou sur berlin-welcomecard.de.

WelcomeCard

Commercialisée par la BVG (société de transports publics), la carte est disponible en plusieurs versions : zones AB ou ABC, de 48 heures (23 € et 28 €) à six jours (49 € et 52 €). Une formule avantageuse si vous utilisez beaucoup le métro.

WelcomeCard Museum Island

Cette carte, valable 72 heures, est idéale si vous visitez au moins deux musées de l'île des Musées (entrée gratuite dans tous les musées de l'île des Musées en plus des autres avantages de la WelcomeCard ; 55 € zone AB, 59 € zone ABC).

En vente sur www.bvg.de, www.visitberlin.de, et dans les stations de métro (y compris aux distributeurs) et à l'office de tourisme.

Autres pass

Museum Pass

Valable trois jours consécutifs dans plus de 30 musées, il est vendu 29 € (réduit 14,50 €) dans les offices de tourisme. Il présente un réel intérêt à partir de trois ou quatre visites.

Berlin Pass

Il comprend l'entrée dans plus de 50 musées et attractions, une carte de transports, des visites guidées en bus, bateau, à vélo et à pied.

Prix pour trois jours, 148 € avec le pass transports (124 € sans). Le pass est moins cher acheté en ligne (www.berlinpass.com) et peut être récupéré au comptoir Little Big City Berlin (Panoramastrasse 1A, en bas de la Fernsehturm, à côté de la Marienkirche ; t.l.j. 10h-16h).

Seul un programme dense permet de rentabiliser ce pass. À privilégier uniquement si vous prévoyez, en plus des musées, de prendre part à des visites guidées.

Visites guidées

À pied

Alternative Berlin Tours

A conçu une offre (en anglais et allemand) autour du Berlin underground (street art, bâtiments abandonnés, contre-culture, etc.).

16 28 19 82 64 • www.alternativeberlin.com

Berlin Music Tours

Organise des visites guidées (en anglais et allemand) autour de l'histoire pop rock de la ville (en bus ou à pied) ainsi que la visite des mythiques studios Hansa.

17 24 24 20 37 • www.musictours-berlin.com

Berliner Unterwelten

Vous emmène à la découverte du Berlin souterrain (en français) : bunkers, tunnels, brasseries (!)…

Brunnenstrasse 105 • U et S Gesundbrunnen • 49 91 05 17 • www.berliner-unterwelten.de

Berlin horizontal

Propose des tours insolites à bord d'un lit (tiré par un vélo).

17 85 37 37 63 • www.berlinhorizontal.de

Insider Tour Berlin

Visites à thème en anglais (IIIe Reich, guerre froide, Berlin contemporain, etc.) ainsi que des excursions à Potsdam, Sachsenhausen (camp de concentration) et Dresde.

692 31 49 • www.insidertour.com

En Trabant

Deux ou trois agences organisent des « safaris » guidés en Trabant à travers la ville. C'est éminemment touristique mais pas banal, puisque l'on peut conduire soi-même la voiture.

Trabi-World

La formule la moins chère (« Berlin Compact ») revient à 49 €/pers. pour une virée de 1h15.

Zimmerstrasse 97 (à l'angle de la Wilhelmstrasse – H8) • Résa en ligne sur www.trabi-safari.de

Berlin gratuit

- De nombreux sites historiques se visitent gratuitement : le Reichstag (p. 21), la Topographie des Terrors (p. 75), le Denkmal für die ermordeten Juden Europas (p. 24), le Gedenkstätte Berliner Mauer (p. 50), l'East Side Gallery (p. 141), le Museum in der Kulturbrauerei (p. 152), l'Alliierten Museum (p. 166) et la Knoblauchhaus (p. 64).
- Tous les jours, Sandemans New Berlin (**www.newberlintours.com**) organise des visites gratuites de l'ex-Berlin-Est en 3h au départ de la porte de Brandebourg (à 10h, 11h, 12h, 14h, 16h en anglais, face au café Starbucks, réservation conseillée).
- En version « payez ce que vous voulez », Alternative Berlin propose des départs à 11h et 13h pour découvrir (en anglais et en allemand) un Berlin plus alternatif (devant le Starbucks de l'Alexanderplatz) : **www.alternativeberlin.com**

Promenades en bateau

D'avril à fin octobre, plusieurs croisières sur la **Spree** et le **Landwehrkanal** (p. 123) permettent d'apprécier Berlin au fil de l'eau. D'autres offrent d'aller plus loin et de se rendre à **Potsdam**, au **lac Müggelsee** ou de découvrir la **région du Brandebourg.**

Reederei Riedel

Propose, au départ de Märkisches Ufer (I8), une mini-croisière de 23 km, qui passe sous 64 ponts.

Rens. : 62 93 31 94 • www.reederei-riedel.de • Brückenfahrt, 3h30 : 23 €, 17,50 € avec la WelcomeCard.

Reederei Bruno Winkler

Permet d'aller du château de Charlottenburg à Oberbaumbrücke.

Rens. : 349 95 95 • www.reedereiwinkler.de

Berliner Wassertaxi

Il organise toutes les 30 min (de 10h15 à 17h15) une croisière de 1h au départ de l'arsenal *(Zeughaus)*, au pied du Schlossbrücke ou du Dom Aquarée (en face du Berliner Dom) pour 17 € (8 € entre 7 et 14 ans).

Rens. : 65 88 02 03 • www.berlinerwassertaxi.de

Santé

Aucune vaccination n'est obligatoire pour entrer en Allemagne. Pensez, avant votre départ, à vous procurer la carte européenne d'assurance maladie auprès de votre centre de sécurité sociale ou sur ameli.fr.

AOK (caisse d'assurance maladie) : ***Wilhelmstrasse 1 (D3) • Hallesches Tor 0800 265 0800 (24 heures/24).***

Où manger ?

Quand manger ?

Le Berlinois a une politique très stricte quant à ses heures de repas : il mange… quand il a faim. Envie d'un petit déjeuner à midi, d'un déjeuner à 16h, d'un dîner à 21h ? Aucun souci. Non seulement les cuisines sont ouvertes en continu, mais en plus votre requête ne surprendra personne. Dans le même esprit de tolérance, ne vous sentez jamais contraint de devoir libérer une table.

Combien ça coûte ?

En dehors de quelques **restaurants gastronomiques** ou plus chics

Infos Covid-19

Compte tenu du contexte sanitaire, de nombreux sites et adresses sont amenés à restreindre leurs horaires d'ouverture et à s'adapter à la situation. Nous vous recommandons de vérifier les horaires et conditions de visite de chaque lieu et adresse sur leur site Internet ou leur page Facebook.

pratiquant des tarifs plus élevés, les établissements de la ville affichent des prix assez bas pour une capitale européenne. Dans les ***Imbiss*** (p. 135), vous trouverez de quoi couper la faim pour 4-5 € ; si vous préférez un ***Kneipe*** (« bistrot ») ou un **café**, vous déjeunerez facilement pour moins de 10 €.

Un **pourboire de 10 %** est de rigueur (sauf service désastreux). Veillez en revanche à l'annoncer au moment de régler, il n'est pas d'usage de laisser les pourboires sur la table.

Enfin, de très nombreuses adresses n'acceptent pas les cartes bancaires.

Bons plans

Si vous souhaitez tester la **cuisine berlinoise de haut vol**, mais à **prix réduits**, soyez attentif aux **formules déjeuner.** La plupart des restaurants gastronomiques proposent des ***business lunch*** et autres menus du midi à des prix incroyablement bas.

Se repérer

Toutes les adresses sont positionnées sur les plans. Chacune est associée à une **pastille de couleur numérotée** :

- jaune pour les restaurants,
- violet pour les lieux de sortie,
- rose pour les boutiques.

Pour un déjeuner au plus près de l'effervescence de la ville et de ses habitants, poussez les portes des ***Mensen*** : ces cantines berlinoises situées dans des lieux publics sont la plupart du temps ouvertes au public (la mairie de Neukölln, le Bundestag, la Kantine du théâtre Berliner Ensemble, p. 60, celle de la rédaction du quotidien ***TAZ***, Friedrichstrasse 21, lun.-ven. 12h-15h) et affichent des prix compétitifs.

Où sortir ?

Horaires & Co.

Vous trouverez régulièrement l'indication « ***open end*** » dans les horaires de fermeture des bars et des clubs. Elle signifie que les établissements restent ouverts jusqu'au dernier client. On sait à quelle heure un bar ouvre, mais pas toujours quand il fermera !

Les bars où l'on ne sert pas de nourriture sont pour la plupart fumeurs.

Clubbing

Réputé pour ses clubs techno et son ambiance alternative, Berlin possède ses propres codes. Exit les tenues sophistiquées, habillez-vous pour braver les possibles heures d'attente à l'entrée.

Pour espérer entrer dans des clubs comme le Berghain (p. 146), ayez en tête les DJ de la soirée (le videur à l'entrée peut vous le demander) et ne vous faites pas trop d'illusions. Plus vous arrivez tard, plus le club est déjà bien garni, et vos chances d'accès amincies. De nombreux clubs sont ouverts 24 heures/24 du vendredi soir au lundi matin ; donc, si vous souhaitez vraiment entrer dans une boîte réputée, tentez votre chance... le matin ou vers midi !

Une fois à l'intérieur, gardez en tête que la prise de photo est souvent interdite. Certains vous colleront une pastille sur la caméra à l'entrée, alors que d'autres confisqueront le portable.

Spectacles et concerts

Berlin Programm (berlin-programm.de) et ***Zitty*** (zitty.de) recensent les manifestations culturelles de la ville. L'été, les concerts gratuits se multiplient : fête de la Musique (fetedelamusique.de), Festival de jazz de Kreuzberg (kreuzberg-festival.de), etc. Ne manquez pas les concerts du Festival Konzertsommer, le dim. (été à 16h et 19h ; konzertsommer-berlin.de). Toute l'année, profitez des concerts gratuits de la Philharmonie (certains mar., p. 76) ou des jam-sessions de l'A-Trane (sam. 0h30).

Bons plans sur gratis-in-berlin.de.

Où faire du shopping ?

Charlottenburg joue la carte de l'élégance, le **Kurfürstendamm** propose des boutiques de luxe, mais aussi des enseignes internationales introuvables en France. Pour un shopping plus pointu, direction **Mitte** autour des Hackesche Höfe ou **Friedrichstrasse,** plus impersonnelle. Envie d'une ambiance plus alternative ? Flânez dans **Prenzlauer Berg, Schöneberg** ou **Kreuzberg.**

Horaires d'ouverture

Ils sont **assez variables en fonction du quartier et du type de boutique.** Dans de nombreuses enseignes, les horaires d'ouverture sont comparables à ceux pratiqués en France : du lundi au samedi de 10h à 19h. Mais reportez-vous aux informations pratiques du guide, car l'exception fait presque figure de règle. Certains choisiront des horaires élargis le week-end, alors que d'autres ne seront ouverts que quelques heures le samedi. **Privilégiez le shopping l'après-midi,** car il n'est pas rare de voir des boutiques n'ouvrir qu'à midi, voire à 14h.

À l'exception des quatre week-ends précédant Noël, la majorité des magasins sont fermés le dimanche (profitez-en pour chiner sur les marchés aux puces).

Galeries commerciales et arcades

Ici, les galeries et centres commerciaux sont souvent prétexte à une architecture audacieuse : **Galeries Lafayette** (p. 29), **Dussmann** (Friedrichstrasse 90 – G7, www.kulturkaufhaus.de)… Les **Potsdamer Platz Arkaden** (Alte Potsdamer Strasse 7 – D3, www.potsdamerplatz.de ; en travaux, réouverture prévue en 2022), la **Galeria Kaufhof** (Alexanderplatz 9, lun.-mer. 9h30-20h, jeu.-sam. 9h30-22h) ou encore **KaDeWe** (p. 102) peuvent se révéler bien utiles.

Fêtes & festivals

Toute l'année

Manifestations artistiques et culturelles rassemblant la musique, les arts plastiques et la danse, en collaboration avec les institutions et les musées berlinois.

www.berlinerfestspiele.de

Janvier

Transmediale

Ce festival consacré à l'art et aux technologies numériques s'installe à la maison des cultures du monde de Berlin (HKW), en parallèle du Festival Club Transmediale, dédié à la musique électronique.

https://transmediale.de

Février

Berlinale

Le Festival international de cinéma propose plus de 400 films en compétition pendant 10 jours. Pour avoir une place, pensez à réserver dès janvier, bien que la billetterie vende aussi chaque jour des places pour certaines séances (p. 61).

www.berlinale.de

Mars

MaerzMusik

Le Festival de musique contemporaine est un temps fort du calendrier : neuf jours de concerts audacieux !

www.maerzmusik.de

Mai-septembre

Cinéma en plein air

Pour se faire une toile à la belle étoile. Nombreux lieux.

www.freiluftkino-berlin.de

Jours fériés

1er janvier
Week-end de Pâques (mars ou avril)
1er mai
Jeudi de l'Ascension (mai)
Lundi de Pentecôte (mai ou juin)
3 octobre (journée de l'Unité allemande)
1er novembre
25 et 26 décembre

Mai

Karneval der Kulturen

Fin mai, le Carnaval des cultures bat son plein dans le dynamique quartier de Kreuzberg : 4 000 danseurs et musiciens originaires de 80 nations défilent entre Hermannplatz et Yorckstrasse devant 850 000 spectateurs.

www.karneval.berlin

Juin

Fête de la Musique

Le 21 juin, les rues résonnent de concerts gratuits en tout genre : musique classique, jazz, électro...

www.fetedelamusique.de

Citadel Music Festival

De juin à août, l'ancienne citadelle de Spandau devient une immense salle de concert en plein air. Une programmation éclectique séduisante : on y croise aussi bien de grosses têtes d'affiche que des artistes de la nouvelle scène !

www.citadel-music-festival.de

Juillet

Classic Open Air

Gospel, arias, jazz, chorale : durant les premiers jours de juillet, la musique s'en donne à cœur joie et en plein air sur le Gendarmenmarkt.

www.classicopenair.de

Août

Tanz im August

Ce festival de danse contemporaine est le plus important du genre en Allemagne. Il réunit compagnies allemandes et chorégraphes internationaux.

www.tanzimaugust.de

La Longue Nuit des musées

Le dernier samedi du mois, de 18h à 2h, des bus font la navette entre les 80 musées qui ouvrent leurs portes aux noctambules (visites guidées, films et concerts).

www.lange-nacht-der-museen.de

Septembre

Musikfest Berlin

Quinze jours durant, les meilleurs orchestres philharmoniques du monde jouent Stravinsky, Gershwin, Copland, etc. sous la baguette d'illustres chefs.

www.musikfest-berlin.de

Berlin Art Week

Mi-septembre, la ville met l'accent sur l'art contemporain : nombreuses expositions et foires, notamment Art Berlin Contemporary, qui regroupe plus d'une centaine de galeries internationales dans les halles de Station-Berlin, l'ancienne gare postale.

https://berlinartweek.de

Oktoberfest

Créé pour concurrencer la fête de la Bière de Munich et rappeler l'amour des Berlinois pour cette boisson, l'Oktoberfest ressemble à une grande fête foraine, qui s'étend bien au-delà du Zentraler Festplatz am Kurt-Schumacher-Damm (HP par A2 ; Ⓤ 7 Jakob-Kaiser-Platz, puis bus X21, M21 ou L128), notamment sur l'Alexanderplatz.

http://berlin.de/restaurants/oktoberfest

Marathon de Berlin

Il a lieu le dernier week-end de septembre et rassemble les athlètes les plus rapides du monde. Plusieurs sessions ont lieu pour différentes disciplines : marche rapide, rollers, athlètes handisports, etc.

www.bmw-berlin-marathon.com

Octobre

Festival des lumières

Pour célébrer la fête nationale, Berlin se pare de 1 000 couleurs durant une dizaine de nuits : monuments et sites importants sont illuminés. Des feux d'artifice sont aussi au programme. Des circuits sont organisés par l'office de tourisme : LightLiner (bus), LightShip, Light-Walkerin (à pied), Light-Vélo.

www.festival-of-lights.de

Novembre

Jazzfest Berlin

Au tout début du mois la ville devient, pour quatre jours, la capitale du jazz. Les stars de la scène américaine et européenne se produisent dans les clubs A-Trane, Quasimodo, etc.

www.jazzfest-berlin.de

Jüdische Kulturtage

Le Festival de la culture juive dure une semaine et se partage entre la synagogue de la Rykestrasse, pour les concerts et le chant, et la Haus der Berliner Festspiele pour la danse.

www.juedische-kulturtage.org

Décembre

Marchés de Noël

On en recense une centaine à travers la ville : certains sont ouverts tous les jours, d'autres (celui de Dahlem) le week-end seulement.

www.weihnachteninberlin.de

Saint-Sylvestre

Il y a au moins trois façons de la célébrer ici : 1) la course à pied de Grunewald (10 km) ; 2) les concerts du Konzerthaus, de la Philharmonie, etc. ; 3) la Silvester Party, une soirée géante qui se tient entre la porte de Brandebourg et la colonne de la Victoire.

www.berliner-silvesterlauf.de

Notes personnelles

Notes personnelles

Notes personnelles

Notes personnelles

LEXIQUE

Expressions usuelles

Oui : *ja*
Non : *nein*
S'il vous plaît : *bitte*
Merci : *danke*
Au revoir : *auf Wiedersehen*
Bonjour (le matin) : *guten Morgen*
Bonjour (l'après-midi) : *guten Tag*
Bonsoir : *guten Abend*
Comment allez-vous ? : *Wie geht's ?*
Excusez-moi : *Entschuldigung*
Argent : *Geld*
Combien coûte... ? : *Wieviel kostet... ?*
Je ne comprends pas : *Ich verstehe nicht*
Parlez-vous le français ? : *Sprechen Sie französisch ?*
Qu'est-ce que c'est ? : *Was ist das ?*

Espace et temps

À demain : *Bis Morgen*
Aujourd'hui : *heute*
Hier : *gestern*
Heure : *Stunde*
Minute : *Minute*
Maintenant : *jetzt, nun*
Où ? : *wo ?*
Quand ? : *wann ?*
Quelle heure est-il ? : *Wie spät ist es ?*
Tard : *spät*
Tôt : *früh*

Faire du shopping

Bijouterie : *Juweliergeschäft*
Boutique : *Boutique*
C'est trop court/long : *Es ist zu kurz/lang*
C'est trop grand/petit : *Es ist zu gross/klein*
C'est trop serré/ample : *Es ist zu eng/weit*
Chaussettes : *Socken*
Chaussures : *Schuhe*
Chemise : *Hemd*
Coton : *Baumwolle*
Cuir : *Leder*
Grand magasin : *Kaufhaus, Warenladen*
Jouet : *Spielzeug*
Journal : *Zeitung*
Jupe : *Rock*
Laine : *Wolle*
Librairie : *Buchhandlung*
Lingerie : *Unterwäsche*
Livre : *Buch*
Manteau : *Mantel*
Marché : *Markt*
Meuble : *Möbel*
Pantalon : *Hose*
Parapluie : *Regenschirm*
Pâtisserie : *Konditorei*
Pharmacie : *Apotheke*
Pointure : *Schuhgrösse*
Prix : *Preis*
Robe : *Kleid*
Sac : *Tasche*
Soie : *Seide*
Supermarché : *Supermarkt*

Les nombres

Zéro : *null*
Un : *eins*
Deux : *zwei*
Trois : *drei*
Quatre : *vier*
Cinq : *fünf*
Six : *sechs*
Sept : *sieben*
Huit : *acht*
Neuf : *neun*
Dix : *zehn*
Onze : *elf*
Douze : *zwölf*
Treize : *dreizehn*
Quatorze : *vierzehn*
Quinze : *fünfzehn*
Seize : *sechzehn*
Dix-sept : *siebzehn*
Dix-huit : *achtzehn*
Dix-neuf : *neunzehn*
Vingt : *zwanzig*
Trente : *dreissig*
Quarante : *vierzig*
Cinquante : *fünfzig*
Soixante : *sechzig*
Soixante-dix : *siebzig*
Quatre-vingts : *achtzig*
Quatre-vingt-dix : *neunzig*
Cent : *hundert*
Mille : *tausend*

Poste, téléphone, banque

Banque : *Bank*
Cabine téléphonique : *Telephonzelle*
Enveloppe : *Briefumschlag*
Papiers d'identité : *Ausweispapiere*
Passeport : *Pass*
Poste : *Post*
Téléphone portable : *Handy*
Timbre : *Briefmarke*

À l'hôtel

Avez-vous une chambre libre ? : *Haben Sie noch Zimmer frei ?*
J'ai réservé : *Ich habe reserviert*
Chambre à deux lits : *ein Doppelzimmer*
Une nuit avec petit déjeuner : *eine Übernachtung mit Frühstück*
Quel est le prix pour une nuit ? : *Wieviel kostet es pro Nacht ?*

Au restaurant

L'addition, s'il vous plaît : *Die Rechnung, bitte*
Je voudrais réserver une table : *Ich möchte eine Reservierung machen*
Où sont les toilettes ? : *Wo sind die Toiletten ?*

Beurre : *Butter*
Bière : *Bier*
Bœuf : *Rind*
Bouteille : *Flasche*
Chou : *Kohl*
Choucroute : *Sauerkraut*
Couteau : *Messer*
Cuillère : *Löffel*
Déjeuner : *Mittagessen*
Dessert : *Nachtisch*
Dîner : *Abendessen*
Eau : *Wasser*
Entrée : *Vorspeise*
Escalope : *Schnitzel*
Fourchette : *Gabel*
Fromage : *Käse*
Garçon : *Herr Ober*
Moutarde : *Senf*
Pain : *Brot*
Petit déjeuner : *Frühstück*
Plat du jour : *Tagesgericht*
Poivre : *Pfeffer*
Saucisse : *Wurst*
Sel : *Salz*
Viande : *Fleisch*
Vin : *Wein*

En ville

Où se trouve le centre-ville ? : *Wo ist das Stadtzentrum ?*
À droite : *rechts*
À gauche : *links*
Arrêt de bus : *Haltestelle*
Billet d'entrée : *Eintrittskarte*
Bus : *Bus*
Église : *Kirche*
Entrée libre : *Eintritt frei*
Gare : *Bahnhof*
Jardin : *Garten*
Jour férié : *Nationalfeiertag*
Métro : *U-Bahn*
Office de tourisme : *Verkehrsbüro*
Palais/château : *Palast/Schloss*
Place : *Platz*
RER : *S-Bahn*
Rue : *Strasse*
Taxi : *Taxi*
Tout droit : *geradeaus*
Voiture : *Wagen*

Petit lexique de la bière

Bier vom Fass : bière pression.

Flaschenbier : bière en bouteille.

Beck's : importée du nord de l'Allemagne, elle est plus sombre et moins pétillante que les autres bières allemandes.

Bock : bière à base d'orge, blonde ou brune ; elle peut atteindre 6°.

Pilsener : bière au houblonnage plus appuyé donnant une légère amertume ; de la ville de Pilsen (Plzeň), en République tchèque.

Helles : bière blonde de fermentation basse.

Weizenbier : bière trouble et ambrée à base de froment, brassée en Bavière.

Berliner Weisse : bière à base de froment, mais très pâle, acidulée et pétillante. Elle se consomme souvent « avec un doigt » *(mit Schuss)* de sirop de fruit.

Schwarzbier : bière sombre au malt torréfié.

Radler : mélange de bière pils et de limonade.

INDEX

Crédits photographiques

Intérieur

Romain Boutillier : p. 1, 3 (b. g.), 3 (c. d.), 3 (ht g.), 4 (b. d.), 4 (c. d.), 5 (ht g.), 7 (c. d.), 8 (b. d.), 9 (c. d.), 9 (ht g.), 11 (ht d.), 12, 14, 28, 29, 35, 42, 52, 59, 62, 77, 81, 85, 101, 103, 115, 121, 142, 162, 171, 173, 174.

Jean-Christophe Godet : p. 4 (ht g.), 19, 91, 148.

Eva Gravayat : p. 15 (ht d.), 51 (Gedenkstätte Berliner Mauer/© Kohlhoff&Kohlhoff), 57, 98, 120, 168, 169.

Patrice Hauser : p. 5 (c. d.), 21 (Reichstag/© Fosters + Partners), 24, 26, 43, 46, 60, 89, 113, 123, 133, 139, 145, 149, 153, 165.

Jérôme Plon : p. 5 (b. g.), 7 (ht g.), 8 (ht d.), 15 (b.), 23, 33, 37, 47, 65, 69, 71, 75, 119, 126, 129, 130, 131, 155, 156, 167, 179.

Élodie Souslikoff : p. 10, 11 (ht g.), 13, 158, 178.

Photos de prêt : © Nina Kramer/Urban Nation : p. 109; © Service Berlin : p. 7 (b. g.); © StandUpClub Berlin : p. 134; Berliner Unterwelten e.V. Holger Happel : p. 8 (c. g.); Détail du panorama DIE MAUER avec visiteurs © Asisi : p. 31; Jardin de l'Exil © Michele Nastasi : p. 112; Jeanne Koepp © Jeanne Maddy : p. 161; Käthe Kollwitz Museum © Fotostudio Bartsch : p. 105; Kollwitz-Museum Berlin : p. 97; Mikkeler © Rasmus Malmstrøm : p. 55; Renger-Patzsch © Simon/Rabenstein : p. 110.

Hemis : Jon Arnold Images : p. 95; Ludovic Maisant : p. 73.

Shutterstock.com : 360b : p. 45, 80; ArTono : p. 106; Bildagentur Zoonar GmbH : p. 86; bofotolux : p. 93; Claudiovidri : p. 67; csp : p. 79; ebenart : p. 117; Emilio JoseG : p. 135; FDR Stock : p. 150, 163; frank_peters : p. 39; GRACIELLADEMONNE : p. 170; IH-Images : p. 20; illpaxphotomatic : p. 147; Ina Meer Sommer : p. 164; Ivana Rezek : p. 94; Kevin George : p. 138; Kiev.Victor : p. 70; Mirko Kuzmanovic : p. 181; real Denis Feldmann : p. 17; Semmick photo : p. 141; Shanti Hesse : p. 176; Werner Spremberg : p. 38; Yuri Turkov : p. 88.

Stock Adobe.com : © ArTo : p. 124; © Lukas Gojda : p. 9 (b. g.).

Couverture

© Massimo Ripani/SIME.

Dernière édition révisée par Gwénaëlle Pairault.
Éditions antérieures revues et augmentées par Eva Gravayat, Céline Fion, Jean-Philippe Follet, Élodie Souslikoff et Jean-Yves Cotté.
Édition originale établie par Véronique Souben et Alexandre Mazurek.

Direction : Sidonie Chollet
Direction éditoriale : Cécile Petiau
Équipe éditoriale : Joël Ambroggi, Marine Barbier-Blin, Béatrice Hemsen, Catherine Laussucq, Émilie Lézénès, Géraldine Péron, Adam Stambul
A également collaboré à cet ouvrage : Maëlle Maigne
Cartographie : Frédéric Clémençon, Aurélie Huot
Fabrication : Liza Sacco

Conception graphique de la couverture et de la maquette intérieure : Minsk Studio
Illustrations : Minsk Studio

Et tous nos remerciements à Antoine Béon pour son aide et son regard avisé sur la direction artistique de la collection.

Contact presse : rmazef@hachette-livre.fr
Contact publicité et partenariats : partenariat-tourisme@hachette-livre.fr

Aussi soigneusement qu'il ait été établi, ce guide n'est pas à l'abri des changements de dernière heure, des erreurs ou omissions. Ne manquez pas de nous faire part de vos remarques. Informez-nous aussi de vos découvertes personnelles, nous accordons la plus grande importance au courrier de nos lecteurs : weekend@hachette-livre.fr

Conformément à une jurisprudence constante (Toulouse 14-01-1887), les erreurs ou omissions involontaires qui auraient pu subsister dans ce guide, malgré nos soins et les contrôles de l'équipe de rédaction, ne sauraient engager la responsabilité de l'éditeur. Le contenu des annonces publicitaires insérées dans ce guide n'engage en rien la responsabilité de l'éditeur.

Édité par Hachette Livre (58, rue Jean-Bleuzen, CS 70007, 92178 Vanves Cedex)
Imprimé par Polygraf (Capajevova 44, 08199 Presov, Slovaquie)
Achevé d'imprimer : janvier 2022
ISBN : 978-2-01-714013-9 • 15-1099-1
Dépôt légal février 2022 • Collection n° 44 • Édition 01